英国王室百年传奇

温莎王朝的荣耀与丑闻

 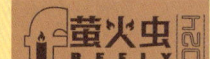

[英]菲利帕·格里夫顿 编著
赵金基 译

The Windsors

中国画报出版社·北京

图书在版编目（CIP）数据

英国王室百年传奇：温莎王朝的荣耀与丑闻 /（英）菲利帕·格里夫顿编著；赵金基译. -- 北京：中国画报出版社，2021.6（2023.3重印）
（萤火虫书系）
书名原文：Book of the Windsors
ISBN 978-7-5146-1734-4

Ⅰ.①英… Ⅱ.①菲…②赵… Ⅲ.①皇室 - 史料 - 英国 Ⅳ.①K561.06

中国版本图书馆CIP数据核字(2021)第078467号

Book of the Windsors
Articles in this issue are translated or reproduced from Book of the Windsors, Third Edition and are the copyright of or licensed to Future Publishing Limited, a Future plc group company, UK 2020.

著作权合同登记号：图字01-2021-1232

英国王室百年传奇：温莎王朝的荣耀与丑闻
[英] 菲利帕·格里夫顿 编著　赵金基 译

出 版 人：于九涛
责任编辑：赵世明
审　　校：崔学森
责任印制：焦　洋

出版发行：中国画报出版社
地　　址：中国北京市海淀区车公庄西路33号　邮编：100048
发 行 部：010-88417360　010-68414683（传真）
总编室兼传真：010-88417359　版权部：010-88417359

开　　本：16开（787mm×1092mm）
印　　张：15
字　　数：182千字
版　　次：2021年6月第1版　2023年3月第3次印刷
印　　刷：北京汇瑞嘉合文化发展有限公司
书　　号：ISBN 978-7-5146-1734-4
定　　价：72.00元

英国王室百年传奇

  20世纪初,大英帝国达到了鼎盛,米字旗覆盖了世界五分之一的土地,但这也是它盛极而衰的起点。在20世纪硝烟弥漫的战争与风起云涌的革命中,各国君主政权纷纷垮台,英国失去了霸主的地位,帝国治下的领地也先后独立。面对新时代的挑战,一个新的王朝——温莎王朝登上了英国历史的舞台,它顺应历史潮流做出一系列改变,让王室进入了新的角色。经过乔治五世、乔治六世等几任国王的努力,温莎王朝赢得了国民的尊敬,稳固了它在英国的王权,时至今日仍然是全球最有影响力的王室之一。

  本书将带您领略这个王室家族不同寻常的历程。您不仅会看到丑闻和流言蜚语如何威胁君主政权,也会看到爱情和自我牺牲如何影响王朝命运……

目录

6 　英国王座上的德国人

萨克森-科堡-哥达王朝

16 　萨克森-科堡-哥达王朝
19 　臭名昭著的威尔士亲王
32 　爱德华七世登基
41 　死去的继承人

温莎王朝的诞生

52 　新王朝的黎明时刻
54 　一位平凡的国王
66 　神秘的王子
77 　令人绝望的继承人
87 　恋爱中的伯蒂
97 　"我们四个"的幸福之家
106 　并不平静的驾崩
110 　公众之爱，个人之殇
119 　声名狼藉的一生
128 　国王的演讲
138 　从空袭到胜利：乔治六世的背水一战

151

122

183

78

236

温莎王朝的新纪元

154　后继有人
157　王子、纳粹及破碎的家庭
170　恒久之爱
181　希望王子
190　乔治六世病逝
197　玛格丽特公主的禁忌之恋
208　幸福与荣耀

温莎王朝的未来

224　下一代
227　帝国终结，英联邦诞生
235　走向未来的百年老店

英国王座上的德国人

有什么比王室更能代表英国？尤其是，据说这个王室家族的根还不在岛上，而在海峡对岸的德国……

文 / 凯瑟琳·柯曾

▼ 维多利亚和艾伯特热爱英国的一切，维多利亚更是对苏格兰情有独钟

联合王国最辉煌也最传统的华丽气派的体现,无疑是英国王室——坐在它顶尖上的人伊丽莎白二世女王,是一个世界性标志,不但代表现在的王室,也象征一代又一代世袭的统治和特权。然而,即使看上去好像没什么比伊丽莎白二世和她的子孙后代更能体现英国,也不难听到对王室批评的声音,指责温莎王室是一群运气非凡的德国人,攫取了英国王座而且赖着不走——而他们压根儿没这个权利!

几个世纪前,若有人声称是投机取巧的德国人窃取了英国王位,当然有理有据,但事到如今,这样的说法还站得住脚吗?关于几百年前德国人该不该坐上英国君主宝座,涉及家族宿怨、宗教分歧和光荣革命等;而抗议现在的温莎王室更德国化而非英国化,其中真相又是什么?为了准确回答这个问题,我们必须一直追溯到17世纪,回到那段国家骚动不安、王室争权夺利的震荡时期。

德国人之所以能登上英国王位,要从1688年说起,像当时许多事情一样,也是因为宗教分歧。尽管国王詹姆士二世在英国国教的环境下长大,但他私下皈依了罗马天主教,而15年以后他加冕称王。尽管入教时他不是国王,但他继承王位后,就要成为英国教会领袖。詹姆士担心,他的真实信仰一旦暴露,后果不堪设想,所以,十多年来他一直保守秘密,坚持定期出席英国圣公会的各项仪式。

詹姆士的真实信仰公开后,举国哗然。尽管他同意他的两个女儿玛丽和安妮加入英国圣公会,但是轮到他的儿子和继承人詹姆士(威尔士亲王)时,他却不愿意做出妥协。威尔士亲王在罗马教会接受了洗礼,因此至少下一代统治者仍将是天主教徒。对于虎视眈眈的新教徒贵族来说,这可是个千载难逢的机会。他们立即请出国王的女婿奥兰治亲王(威廉三世)和他的妻子玛丽,向英国索要王权。

威廉来到英国,准备迎接一番恶战,但詹姆士二世对胜利充满信心,拒绝了同样信仰天主教的法国王室的军事支持。然而,当威廉和他的军队在英国登陆时,他们惊喜地发现,赶来与其会合的不仅有詹姆士的另一个女儿安妮,还有新教徒士兵——他们毅然宣布倒戈,不再支持他们的国王,转而为奥兰治而战。

结果,詹姆士二世剑未出鞘、炮没出膛就败下阵来。光荣革命之后,英国结束了短暂的天主教徒统治;随着新任新教徒君主登上英国王座,詹姆士只能投奔法国避难,客死他乡。威廉和玛丽都不是德国人,但是这场政变不仅将他们推上

▲ 安妮女王没有子嗣,她去世后,接任的必定是汉诺威家族的一位继承人

最英国化的王室

在1000多年的君主统治中，哪一位帝王最有英国范儿？

是什么决定了一个人的民族属性？这个问题说起来很复杂。对有些人来说，这取决于祖先和血统，这也是王公贵胄最喜欢强调的；对另外一些人而言，它综合了多种元素，包括语言、文化和思想等。

若以血统为标准，那么可以说，从未有过一位纯种的英国君主。从凯尔特人到金雀花王朝，再到斯图亚特家族和汉诺威家族，英国以及后来的联合王国的统治者全都是强权之间联姻和结盟的产物。若论血缘关系，爱德华四世可能会说，他是最地道的英国人，因为他的三代祖先都有明确的英国或爱尔兰血统。但是，这种说法并不严谨。

从文化方面来讲，许多君主早已不遗余力地让他们的臣民相信：不管他们生于何处，与谁通婚，他们都是毋庸置疑的英国人。伊丽莎白一世自诩为国家的捍卫者，乔治三世也把自己塑造成一位完美的英国乡村绅士，维多利亚女王沉湎于苏格兰高地的壮美和与格子呢有关的一切，而乔治五世更是将家族姓氏改得更具英国特征。

▲ 乔治一世是第一位德裔的英国国王，他一直忠诚于生养他的故土

仅凭遵从传统和礼仪这一点，就可以说温莎王室是最具英国特色的。而且它已经成为现代君主体制的典范，每一代人都在与时俱进。未来会怎样？让我们拭目以待。

王位，也把王位继承顺序重新做了排定。他们主持通过的《权利法案》明确规定，绝不允许任何罗马天主教徒再坐上英国国王的宝座。这就一下子排除了50多位原本合法的王位继承人，而一些排名远远靠后的则递补了上来。

威廉和玛丽没有任何子嗣，他们的继承人安妮也没有。年轻的威尔士亲王因为他的信仰被逐出继承人之列，他也丝毫未表示出希望皈依英国国教的意思。这就意味着，接下来的继承人只能来自旁支的后代。正巧，在德国的汉诺威就可以找到这样一个旁支，而那里的选帝侯夫人索菲娅（未来的乔治一世的母亲），正饶有兴致地观望着英国的人事动向。

索菲娅是詹姆士一世的外孙女，伊丽莎白·斯图亚特的女儿，更关键的是，她是一个新教徒。理论上讲，她是排在安妮公主之后的第二顺位王位继承人。安妮只有二十几岁，正跟他的丈夫，丹麦的乔治王子，把创造子嗣当作头等大事来抓呢。尽管她起初的六次怀孕皆以悲剧收场，但还是很有可能生下一儿半女。假如她有了继承人，索菲娅的排名就要往后推。索菲娅衷心希望那种情况出现，在这个时候，她压根儿没指望能戴上王冠。

安妮和乔治真的有了一个孩子，他们的儿子威廉王子，格洛斯特公爵，生于1689年7月。谁都希望这个孩子的出世能够保证英国王室的血脉传承。然而，这位小公爵一出生就体弱多病，到1700年7月就夭折了。安妮和乔治再无其他子嗣。而在汉诺威，选帝侯一家开始认真打起了主意。临近70岁生日之际，索菲娅忽然发现王冠触手可及。尽管安妮比她年少35岁，但连续七次怀孕已经严重影响了她的健康。随后的年头里，安妮又经历了十次怀孕，都没生下孩子，却把身体搞得更加衰弱。

新教徒继承人名单以惊人的速度缩短，直到站在索菲娅和王位之间的只剩下威廉和安妮。尽管如此，索菲娅还是相信安妮不会先她去世。不过，她开始为她的儿子乔治运筹帷幄，她知道总有一天他会接过大任。当然，还有一点儿小麻烦，就是那些被光荣革命推到一旁的罗马天主教继承人。在法国，那个"老觊觎者"——詹姆士·斯图亚特，威尔士亲王——不甘心悄悄退出，身为天主教徒的他坚决要夺回他认为自己合法拥有的王位。日后，斯图亚特的儿子查尔斯（人称"小觊觎者"或"英俊王子查理"），继续高举他父亲的大旗——就是他，在卡洛登（Culloden）一役中，把詹姆士王权的支持者们带进了灾难性的背水一战。

1701年，议会通过《王位继承法案》，首次正式承认汉诺威家族有权继承英国王位。法案特别指出，如果威廉（玛丽已于1694年去世）和安妮再无其他子孙，那么索菲娅或其身后下一

▲ 爱德华四世是最具英国特色的国王之一

位继承人将从汉诺威返回英国执政。考虑到双重国籍问题，法案还包括一项条款：任何外国裔君主不得动用英国军队保卫他国，除非英国利益也遭侵害。另有一项条款（乔治一世甫一登基即将其废除）规定，若无议会明确许可，君主不得踏出英国之外。

所有这些还不算太迟。1701年，詹姆士二世一命呜呼，法国的追随者们立即宣布他的儿子威尔士亲王为流亡国王。不过，宪法的车轮正在驶往完全不同的方向。英国与汉诺威之间的外交工作已经取得进展，正在为新王室不久之后入主英国铺平道路。

他热爱他的故乡胜过任何其他地方；他从德国带来了他信任的助手和宠臣；不管是私下还是公开场合，他都说德语。

▲ 身为伊丽莎白·斯图亚特的女儿，汉诺威的索菲娅却是德国王室的家长

1702年，威廉三世驾崩，女王安妮继位。此时的安妮未老先衰，没有任何子嗣，但她依然执意要看到她自己的血脉掌握王权。不过，她登基之后虽多次怀孕，却一个孩子也没活下来。为了将来大计，英国方面把选帝侯遗孀索菲娅的名字加进了《公祷手册》（英国国教祈祷书）的《王室祈祷词》中，这是汉诺威家族王位继承权的最终官方认定，借此可以让公众有时间慢慢习惯那个名字。

实际上，正如索菲娅所料，尽管安妮体弱多病，但终究年长者要先走一步。1714年6月8日，选帝侯遗孀索菲娅在汉诺威寿终正寝，享年83岁。仅仅过了几周，8月1日，安妮去世，年仅49岁。就在她咽下最后一口气的同时，《王位继承法案》正式生效，这一刻，英国迎来了它的第一位德裔君主——乔治一世国王。

乔治扬帆起航奔赴英国，在此期间，他的新王国处于摄政委员会（由索菲娅和乔治任命）监管之下。1714年9月18日，在100位德国侍臣、顾问和职员的陪同下，乔治到达格林尼治，这时，可以毫不客气地说，他完全是一个德国人。他热爱他的故乡胜过任何其他地方；他从德国带来了他信任的助手和宠臣；不管是私下还是公开场合，他都说德语。据说乔治从未学过一个英文单词，这明显有夸大之嫌，但毫无疑问，他在日常生活中更愿意用德语，或者在必要的时候用法语。

斯图亚特王朝不再继续，取而代之的是布伦瑞克-吕讷堡-汉诺威（Brunswick-Lüneburg-Hanover）王朝。乔治一世之后，他的儿子继任，乔治二世也在德国土生土长，但正是他的上台为德国人的统治画上了句号。到了乔治三世（乔治一世的曾孙）1760年加冕时，从出身到观念，他都毫无疑问是一位英国国王。

乔治三世在英国出生，从未踏出国门。他喜爱英国乡村，一开口就说英语，这可是乔治的

▲ 英国与德国交战之际，乔治五世更改王室姓氏深受民众欢迎

前辈们从未有过的情景。乔治三世的儿子乔治四世也是无可争议的英国人,人称"英国第一绅士"。他是时尚和文化方面的弄潮儿,他的宫廷一扫往日的沉闷,丝毫看不出德国礼仪的痕迹。

然而,不管他们在哪里出生和长大,所有的汉诺威国王都有一个共同点:每一位国王,从乔治一世到威廉四世,娶的都是德国公主。这么做的原因有三个。第一,当时的王室成员只能迎娶其他王室的成员,与平民通婚前所未闻。第二,英国王位继承人的结婚对象必须是新教徒,因为1772年的《王室婚姻法案》规定,继承人与罗马天主教徒通婚所生的孩子将被剥夺继承权。第三,德国王室支系庞大,遍地开花,甚至普鲁士政治家奥托·冯·俾斯麦也不禁感慨,说科堡王室简直就是"欧洲的种马场"。德国可供挑选的未婚王室成员如此之多,当然是寻找佳偶的理想之地。

不过,随着时间的推移,乔治家族有了他们自己的家庭,外来的国王也自然而然像人们所期待的那样,逐渐被同化。乔治三世总是不假思索地标榜他的英国身份,不遗余力地让他的臣民相信:尽管事实上他的父母都是德国人,但他最看重的还是他的英国身份。然而,与德国王室联姻的传统延续到爱德华王子(肯特公爵)时,他迎娶了命中注定的萨克森-科堡-萨尔费尔德的维多利亚公主。他们唯一的孩子维多利亚长大后,成为汉诺威家族最后一位君主。维多利亚女王可以说是大英帝国时代最恒久的标志之一。

在维多利亚的成长过程中,德语是她的第一语言,但她的英语说得也很流利。她延续了家族的婚姻传统,找了她的德国表亲艾伯特作为她的丈夫。婚后,她随了艾伯特的姓氏,明显具有日耳曼特色的萨克森-科堡-哥达(Sachsen-Coburg-Gotha)。刚开始,似乎一切都一如往

▲ 女王伊丽莎白二世已经成为英国传统气派的国际性标志

斯图亚特的王权

汉诺威家族拥有英国王权之后，被他们挤掉的那些人命运如何？

光荣革命把詹姆士二世这位罗马天主教徒赶下了英格兰、苏格兰和爱尔兰的王座，也永久性地改变了王位的继承顺序。但是，詹姆士以及他的支持者们对这种形势变化极不甘心，随后几十年里，他们竭尽所能，一直想要恢复斯图亚特王朝。

随着詹姆士党人的连续叛乱，有组织的支持斯图亚特家族重返王位的运动贯穿了整个18世纪。最后一次詹姆士党人叛乱发生在1745年，当时，"小觊觎者"查尔斯·爱德华·斯图亚特带领一干人马大举进攻英国。趁英国军队正在分心忙于奥地利王位继承战争之际，詹姆士党人一直打到德比，之后，他们退守苏格兰。就是在这里，他们陷入了背水一战的局面。卡洛登一役给了他们毁灭性的重创，也彻底粉碎了他们东山再起的希望。

最后一位宣称拥有王权的是亨利·本尼迪克特·斯图亚特，他是"老觊觎者"的儿子，也是生于罗马的一位红衣主教。不过，尽管他认为自己是合法的国王，却丝毫未做登基的努力。相反，他把

▲ 红衣主教亨利·本尼迪克特·斯图亚特是他的支系中最后一个宣称拥有王位继承权的人

一生都献给了罗马天主教事业。1807年，他去世后，他所保管的斯图亚特王冠和权杖被归还给了威尔士亲王——后来的乔治四世。本尼迪克特被安葬在梵蒂冈的圣彼得大教堂里，与他相伴的是一座斯图亚特王朝纪念碑。

常。然而，与之前嫁入英国王室的许多德国王室成员不同，艾伯特下定决心，要尽可能融入他的新家。与此同时，维多利亚逐渐变得越发苏格兰化。她把她自己和她的家全都包裹在苏格兰格子呢里，越来越多地出现在她最爱的位于苏格兰的巴尔莫勒尔庄园——艾伯特之所以买下此处，只是因为它很容易让他想起他的德国故乡。

维多利亚的孩子们也秉承着与德国王室联姻的模式，她的众多（外）孙子女中，就包括德国皇帝威廉二世，但这种家族联系却在第一次世界大战爆发后呈现出了新的含义。那位德国皇帝派来成群的哥达轰炸机，盘旋在英国上空，这时，萨克森-科堡-哥达这个德国名字突然具有了不祥的意味，国王乔治五世（德国皇帝的表兄）当机

他是时尚和文化方面的弄潮儿，他的宫廷一扫往日的沉闷，丝毫看不出德国礼仪的痕迹。

◀ 温莎王朝的未来将属于年轻的王室成员，如剑桥公爵一家

立断，把萨克森-科堡-哥达埋进历史，代之以温莎作为他的家族姓氏。"温莎"之名得自那幢最具英国特色的城堡，但这一姓氏并非乔治信手拈来，而是在多个选项——诸如"金雀花"、"约克"甚至简单的"英格兰"等传统名字中，思虑再三才做出的决定。

不但家族取了英国姓氏，而且传统的英德联姻也化作历史陈迹。国王的儿子不再迎娶来自欧洲大陆的王室成员，而是选择英国贵族的女儿作为新娘。其中最著名的一位当数王太后伊丽莎白·鲍斯-莱昂（Elizabeth Bowes-Lyon），她的父亲是苏格兰的斯特拉思莫尔伯爵，她的母亲也是一位英国女子。女王伊丽莎白二世的生身父母全都出生在英国，不管从哪方面讲，他们都是英国人。

温莎之名已经牢牢扎下了根。菲利普王子与伊丽莎白二世结婚后成为爱丁堡公爵，他放弃了他的德国-丹麦-希腊身份，取了英国化的蒙巴顿（Mountbatten）作为姓氏。尽管他的父母分别是德国人和丹麦人，但是在某种程度上，爱丁堡公爵几乎与欧洲每一个王室，也与维多利亚女王有着千丝万缕的联系。他是一个归化了的英国人，服役于海军，也巩固了他的英国身份。

总而言之，无可争议的是，现在的王室与德国的确有关系，但是称他们为德国人未免言过其实。随着王室成员不再非得迎娶其他王室的成员，德国王室的影响几乎已经消失殆尽。实际上，就德国配偶遍及欧洲各个王室这件事本身而言，并没有任何见不得人的阴谋——只是大量的德国王室成员正值谈婚论嫁的年龄，一有机会他们就随时准备填补空缺罢了。

温莎王朝也是数百年来王朝更替的延续，它的根遍及欧洲大陆，不仅包括德国，也包括英国和法国。女王伊丽莎白二世和她所有的孩子都在英国出生、长大和接受教育，他们的第一语言都是英语，更不用说他们很多人曾经或正在为英国三军效力了。

到了21世纪，那些王室之间的联姻早已化作历史的记忆。如今，年轻的王室成员可以自由地走进婚姻的殿堂，为爱结合，而无须考虑政治。公正地说，虽然当今的王室比从前更加英国化，但它依然掺杂了来自整个欧洲大陆乃至更远的血缘关系。如此看来，他们还是与我们有着许多相同之处……

萨克森－科堡－哥达王朝

16	萨克森-科堡-哥达王朝
19	臭名昭著的威尔士亲王
32	爱德华七世登基
41	死去的继承人

继承顺序　婚配　离异

萨克森－科堡－哥达王朝

维多利亚女王一死，汉诺威王朝即告终结，她的儿子爱德华开启了一个全新的王朝。

维多利亚
（1840—1901）

维多利亚仅做了99天的德国皇后。她的长子登上德国皇位，史称威廉二世。

腓特烈三世，德意志皇帝
（1831—1888）

1858年，维多利亚与腓特烈结婚，二人共有8位子女。他们的女儿索菲娅嫁入希腊王室。

爱丽丝
（1843—1878）

爱丽丝是血友病基因携带者，她的基因遗传给了她的儿子，也遗传给了她的女儿，她的女儿又遗传给了她的儿子阿列克谢。

路德维希四世，黑森大公
（1837—1892）

1862年，爱丽丝与路德维希结婚，二人共有7位子女。他们的女儿阿利克斯嫁入俄国王室，1918年被杀害。

海伦娜
（1846—1923）

1863年，海伦娜与她父亲的图书管理员私通，事情败露后，她嫁给了一位破落的德国王子。

爱德华七世
（1841—1910，1901—1910在位）

爱德华混乱的私生活曾令他的父母蒙羞，但是到了1901年，他却成为一位深受民众欢迎的国王。

丹麦的亚历山德拉
（1844—1925）

1863年，爱德华与亚历山德拉结婚。她极大地容忍了他的不忠，甚至有时还像朋友一样对待他的情妇们。

阿尔弗雷德，萨克森－科堡－哥达公爵
（1844—1900）

阿尔弗雷德是第一位访问澳大利亚的王室成员。1900年7月，他死于喉癌。

玛利亚·亚历山德罗芙娜
（1853—1920）

1874年，阿尔弗雷德与玛利亚结婚，二人共有5位子女。他们的女儿玛丽嫁入罗马尼亚王室。

艾伯特，克拉伦斯公爵
（1864—1892）

艾伯特本来注定要继承王位，不过，他首先继承了他父亲拈花惹草的嗜好，结果在他结婚前一个多月时一命呜呼。

乔治五世
（1865—1936，1910—1936在位）

乔治是家中的老二，他的哥哥去世后，他成为法定继承人。

特克的玛丽
（1867—1953）

玛丽先是与艾伯特（克拉伦斯公爵）订婚，她的未婚夫死后，她嫁给了他的弟弟。

路易丝
（1867—1931）

1911年，路易丝与她的家人扬帆起航去埃及，却遭遇海难。不久后，她的丈夫去世，她成为法夫女大公爵。

亚历山大·达夫
（1849—1912）

1889年，路易丝与亚历山大结婚，二人共有3位子女。可惜，他们的第一个孩子胎死腹中。

爱德华、亚历山德拉和他们的5个孩子

维多利亚女王
（1819—1901，1837—1901在位）
维多利亚的子女与大陆许多王室联姻，人称整个欧洲的（外）祖母。

艾伯特亲王
（1818—1861）
艾伯特是维多利亚女王挚爱的丈夫，他的早逝令维多利亚痛不欲生，从此一袭黑衣直到她去世。

石勒苏益格-荷尔斯泰因的克里斯蒂安
（1831—1917）
1866年，克里斯蒂安与海伦结婚，二人共有6位子女，只有4位长大成人。

亚瑟，康诺特和斯特拉森公爵
（1850—1942）
亚瑟在英国空军服役40年，后来做了加拿大总督，以91岁高龄去世。

普鲁士的路易丝·玛格丽特
（1860—1917）
1879年，亚瑟与路易丝结婚，二人共有3位子女。他们的女儿玛格丽特嫁入瑞典王室。

比阿特丽斯
（1857—1944）
比阿特丽斯毕生守在她的母亲身边。维多利亚去世后，比阿特丽斯编辑整理了她的日记。

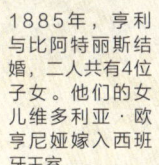

巴滕贝格的亨利
（1858—1896）
1885年，亨利与比阿特丽斯结婚，二人共有4位子女。他们的女儿维多利亚·欧亨尼娅嫁入西班牙王室。

路易丝
（1848—1939）
小时候的路易丝是个好奇的孩子，昵称为"小问号"。她是父亲的掌上明珠。

约翰·凯佩尔
（1845—1914）
1871年，约翰与路易丝结婚。他们的婚姻以幸福开场，但后来两人分道扬镳。

利奥波德，奥尔巴尼公爵
（1853—1884）
利奥波德是血友病患者，一直无法成家，直到他母亲出面才终于结婚。他死后好几个月，他的儿子才出生。

瓦尔德克-皮尔蒙特的海伦娜
（1861—1922）
1882年，海伦娜与利奥波德结婚。他们的儿子查尔斯"一战"时为德国效力，"二战"时加入纳粹。

维多利亚
（1868—1935）
维多利亚公主一生未婚，一直在桑德灵厄姆庄园陪伴她的母亲。

莫德
（1869—1938）
尽管英国的传统令她骄傲，但莫德决心把她的儿子培养成一个真正的挪威人。

哈康七世，挪威国王
（1872—1957）
1896年，莫德与哈康结婚，他们只有一个儿子，他在1957年继承了挪威王位，史称奥拉夫五世。

约翰
（1871—1871）
约翰是爱德华与亚历山德拉的小儿子，生于桑德灵厄姆庄园，只活了一天就夭折了。

臭名昭著的威尔士亲王

作为维多利亚女王和艾伯特亲王的长子，
年轻的威尔士亲王爱德华可谓要风得风，要雨得雨，
但是，他却像一块磁铁，不断地招来丑闻，
最终惹得他那可敬的母亲烦恼不已。

文 / 凯瑟琳·柯曾

威尔士亲王爱德华，生于1841年，是维多利亚女王与萨克森-科堡-哥达的艾伯特亲王的长子。后来，他继任国王，史称爱德华七世，执政仅9年即驾崩。有那样一位一生虔诚的母亲，你可能认为她的长子会循着她的足迹，过一种朴素而清白的生活。如果你真的那么想，那你可要大失所望了。

实际上，爱德华压根儿做不了高尚的人，他对父母长久以来坚持的那套清心寡欲的生活方式毫无兴趣。相反，他所追求的是寻欢作乐，也许，这是因为他的童年时代毫无欢乐可言吧。确实，小爱德华的早期教育充满了死板而严格的教条。艾伯特亲王为儿子制定了家规，小家伙若是越了雷池，必有严厉而毫不留情的责罚伺候。对小王子的培养是为了他有朝一日承接君主大任，对维多利亚和艾伯特来说，这可容不得半点疏忽。然而，在僵化的教育模式下，他们的儿子只能疲于奔命，虽几经努力，终是无所建树。

随着年龄增长，爱德华越发打定主意，要在军队中谋求一份事业，他梦想在战场上冲锋陷阵——这可是自乔治二世以来没有哪位英国国王做过的事情。然而，令王子感到伤心的是，他的母亲另有安排。尽管维多利亚允许他在英国陆军担任上校，她可绝不打算让这位王储在实战中玩命。

或许是希望满足一下爱德华从军的心愿，维多利亚和艾伯特同意，他们19岁的儿子可以到爱尔兰过一个夏天，参加在那里举行的军事演习。威尔士亲王与近卫步兵第一团的战士们一起在柯里奇军营过了三个月。他逐渐熟悉了那些士兵，士兵们也了解到，年轻的王储竟然还是个处男，这可绝对不行。士兵们认为，他们应该负起责任，帮助爱德华完成那个微妙的仪式。于是，他们偷偷弄来一个名叫内莉·克利夫登（Nellie Clifden）的女演员与他相会。

在1861年9月6日、9日和10日的日记

▲ 他们的结合看似幸福，但威尔士亲王从未忠实于他忠贞不渝的妻子

中，王子留下三条简短的手写记录，分别是："内·克，第一次；内·克，第二次；内·克，第三次。"每一条都是指他与内莉·克利夫登的性事。貌似简单的几行字，明显是在纪念他失去童贞的时刻。从此，天真无邪的威尔士亲王不复存在，那销魂的三日之约，开启了一段王室家族中最臭名远扬也最激情澎湃的情爱生活。可惜，我们对内莉几乎一无所知，她的余生一直是个谜。不过，如果爱德华希望保守两个人之间的秘密，那么结果就要令他失望了。

克利夫登女士密访柯里奇，维多利亚和艾伯特毫不知情，他们已经满心欢喜地打好了如意算盘，接下来要让爱德华娶一位新娘，完成生育继承人的大业。维多利亚女王没有征求儿子的意见，就把他送到了德国，名义上是去观看在那里进行的军事演习。其实，她是安排他和亚历山德拉公主见面——这位丹麦的克里斯蒂安亲王和路易丝王妃的女儿正值妙龄，待字闺中。似乎是命中注定，两个年轻人相处甚欢。爱德华一回到英国，订婚的各项筹备工作就立即展开。在维多利亚和艾伯特看来，似乎这是爱德华打算循规蹈矩，做个乖儿子和好丈夫的兆头。可是，他们怎么也不会想到，他在日后竟然养成那种惊人的嗜好。

爱德华与内莉幽会的消息不知怎么就传进他父母的耳朵，夫妻二人一下子慌了神。也许有人会说，是这对父母硬逼着玩心初起、性欲正盛的儿子接受苦行僧似的斯文教育，才把他推到了另外的方向。尽管艾伯特亲王已经身染重病，但是，当爱德华返回剑桥大学继续他的学业时，亲王还是去那里看望了他的儿子。艾伯特想跟这个孩子做一次推心置腹的交谈，因为他已经让他的父母深感失望。那是1861年11月一个寒冷的雨天，父子相见，讨论起爱尔兰军营所发生的一切。会面期间的详情从未公布于众，但是，当艾伯特回到伦敦，回到他妻子的身边时，他的病情开始迅速恶化。

与爱德华见面之后仅过了两周，艾伯特就告别了人世。维多利亚女王深陷丧夫之痛，不可自拔，满腔悲愤四处找人发泄。事实上，艾伯特死于伤寒，但她坚信，他的去世绝非由于病魔，而是因为心碎，是对爱德华与那个神秘的内莉·克利夫登之间的丑行感到无地自容！在日记中提到她的长子时，维多利亚女王写道："每次看到他，我都会全身战栗。"的确，她从未原谅爱德华，就是因为他，他的父亲才会在那么恶劣的天气下冒险出门。多少年来，她一直在信中斥责爱德华，说他是一个堕落的人，是他的道德败坏和贪图肉欲才导致了他父亲的早逝。毫无疑问，受到攻击的爱德华更是一头扎进了温香软玉之中。

内莉不敢再惹丑闻，但是对于爱德华而言，三日风流勾起的欲望却一发不可收拾。和蔼友善、深受欢迎又颇有主见的爱德华，面对他母亲那张花岗岩似的脸庞，也不再试图博她一笑了。既然她已打定主意要恨他一辈子，他再怎么努力也是徒劳。没有了约束，至少不需要费心做个孝顺儿子，他便肆无忌惮地投进了欲海情涛之中。当然，他也没忘了内莉，但是与她再续前缘，则是在伦敦和剑桥——有一则流传很广的小道消息说，在他20岁生日派对那天晚上，他甚至偷偷把她领进了温莎城堡。

爱德华床上的女人来来往往，但他还是在1863年3月10日迎娶了亚历山德拉公主。他们成为伦敦最闪亮的一对夫妻，他们家举办的迷人的聚会和慷慨的宴席一直被人津津乐道，而所有这些都令维多利亚更加不快。然而，无论他的妻子如何忠贞不渝，爱德华绝不是一个忠诚的丈夫，也从未想过要浪子回头。

尽管爱德华是在一位女演员的怀抱中开始了他的性生活，但他更愿意从他自己的社交圈子里挖掘他的情人。或许，发生在他身上最不幸的一段故事，当数他与哈丽特·莫当特（Harriet Mordaunt）女士的恋情。她是保守党议员查尔斯·莫当特爵士的妻子，他们与威尔士亲王有社交往来。传言说，哈丽特女士有好几位情人，她总是趁丈夫在下议院议事的空当与他们苟且偷欢。据说，1869年，查尔斯爵士曾把爱德华和哈丽特女士捉奸在床，从那天起，他就不再允许他的妻子与亲王有任何接近的机会。第二年，哈丽特女士生下一个先天失明的女儿，内心深感不安。她相信，这是对她那些风流韵事的天谴，并且声称，她有那么多情人，甚至搞不准爱德华是不是这个女孩的父亲。然而，来自亲王的大量

▲ 莉莉·兰特里是一位超级女星，她与爱德华一相逢便火花四溅

▲ 事实证明,亚历山德拉公主恰是爱德华需要的那个妻子

　　爱德华面对他母亲那张花岗岩似的脸庞,也不再试图博她一笑了。

情书可以证明，爱德华肯定就是那个责任人。夫妻俩为离婚闹上法庭，同时莫当特警告威尔士亲王，他应该做好出庭做证的准备。结果，离婚案中压根儿没提爱德华的名字。但是，社会上的流言蜚语却毫不客气——亲王的名字，即使在司法界被压了下去，在八卦圈里也依然是经久不息的热门话题。

引领时尚的爱德华一手创建了马尔伯勒府联谊会，这个专属社交组织以他伦敦的家命名，所有会员都在他的家中相约和欢聚。传言说，1871年，他跟一位会员生有一个孩子，但仅此而已，孩子的其他情况一概不为人知。爱德华的情人当中，名气最大的毫无疑问当数莉莉·兰特里（Lillie Langtry），这位货真价实的超级女星，她的忠实粉丝遍及她的美国故乡和欧洲大陆。

威尔士亲王和兰特里相识于1877年的一次晚宴，当时出席晚宴的还有莉莉的丈夫。这时的爱德华已经是6个孩子的父亲，他的妻子亚历山德拉婚后身体一直不好。亚历山德拉似乎接受了她丈夫的癖好，而我们完全可以想象出维多利亚女王的态度。爱德华和兰特里成为情人之后不久，他就把这位女演员引见给他的妻子。

莉莉·兰特里成为爱德华的情人，这在马尔伯勒府联谊会，已是人所共知的事实。1880年夏天，二人恋情终结，因为兰特里怀上了她另外一个情人的孩子。但是，他们的友谊还在持续。尽管爱德华不是莉莉所怀孩子的父亲，但是她的丈夫申请离婚时，关于这段恋情的流言还是传了出来，并首次登上报端。爱德华提出诉讼，结果，写那篇文章的记者被判短期监禁。

爱德华的婚外情人为数众多，形形色色，包括著名女演员莎拉·伯恩哈特，甚至还有詹妮，也就是伦道夫·丘吉尔女士——威尔士亲王把她介绍给了另外一个人，那人后来成为她的丈夫。

▲ 爱德华打小就在死板的教条和严格的纪律约束之下

▲ 沃里克伯爵夫人黛西·格雷维尔社交生活放荡不羁，敢于与亲王公开出双入对

▲ 威尔士亲王与他的母亲维多利亚女王关系最好的时候也是柔中带刺

　　这时的爱德华已经是 6 个孩子的父亲，他的妻子亚历山德拉婚后身体一直不好。

▲ 按照爱德华的建议，交际花艾格尼丝·凯泽把她的家变成了一所收治受伤英国军官的医院

然而，他不仅仅在演艺界和他自己的圈子里寻觅情人，还喜欢泡在沙巴奈（Chabanais），那可是享誉巴黎的超豪华妓院！

沙巴奈是一座青楼，位于卢浮宫后身，以其富丽堂皇和服务周到而闻名于世。它的客人当中，包括不少响当当的名字。19世纪80到90年代，爱德华一直都是这里的常客，又是大名鼎鼎的人物，为此妓院专门为他留出一个包间。这个独一无二的包间内设一个铜制浴缸，浴缸首端饰有一个雕像，一半是女人，一半是天鹅。浴缸足够大，可容多人共浴。爱德华一来，就吩咐浴缸里摆满香槟，他与几个心爱的女子往往一泡就是数个小时。玩累了，他们就一同躺在大床上，床头的整面墙上都是爱德华本人的盾形纹章。

爱德华的包间里还有一件装置，已经成为他无耻性癖的标志。这是威尔士亲王"爱的港湾"，说白了，就是一张鸳鸯座椅。爱德华体态臃肿，做爱的时候，他需要一个舒适的地方，而这张特别打造的椅子正好使他既可以尽享性爱之乐又不失威风。这张鸳鸯椅装饰考究，极其奢华，构造复杂又经久实用，让这位胖胖的亲王和他的女主人们可以享尽各种姿势而无须担心身体的劳损。

然而，与威尔士亲王纠缠不清的还不只是他的性爱丑闻。1890年9月，一种简单的"百家乐"纸牌赌博游戏搅起轩然大波，也把爱德华的名字拖入泥潭。这就是著名的特兰比农庄事件。起因是，威廉·戈登-卡明（William Gordon-Cumming）爵士，苏格兰卫队的一位陆军中校，被指责在赌博过程中作弊。

当时，戈登-卡明是和威尔士亲王一起，作为亚瑟·威尔逊（一位富有的船舶业巨头）的客人，参加约克郡特兰比农庄的一个聚会。在一场"百家乐"豪赌中，戈登-卡明明显作弊，被人识破。这时，其他玩家询问爱德华该如何处置，亲王鼓动他们跟戈登-卡明对簿公堂。最终，这位爵士同意签署声明，承诺他绝不再打牌，条件是他们不得告诉任何人有关他作弊的事情。但是到了1891年，有关他作弊的说法还是不胫而走，在媒体上传得沸沸扬扬。戈登-卡明感到协议被

▲ 在《笨拙》杂志的这幅漫画中，巨人一样的维多利亚女王向爱德华历数他的种种不端行为

一位忠贞的妻子

爱德华七世在外花天酒地，而他的妻子在家为他延续香火

1863年，丹麦公主亚历山德拉嫁给了威尔士亲王爱德华。其实，她并非维多利亚和艾伯特的首选，因为当时丹麦和普鲁士正交恶。但是，他们没有更好的选择，最终只能敲定这桩婚姻。

无论爱德华多么不忠，夫妻二人大体上还算和睦，两人共生了6个孩子。亚历山德拉和维多利亚女王都热衷于狩猎、动物和社交，两人之间虽非毫无龃龉，但在面对众多官方活动、年迈的女王感觉力不从心时，亚历山德拉往往就会承担下来。亚历山德拉受到民众的极大欢迎，但不幸的是，她的长子艾伯特·维克多王子却在20多岁就早早离开人世。此后，她便退隐深宫，在无尽的忧伤中苦熬时日。

不管是作为威尔士王妃，还是后来作为王后，亚历山德拉不只是宽容丈夫的那些情妇，而且还对她们表示友善和理解。爱德华去世后，他忠实的情妇爱丽丝·凯佩尔希望见他最后一面，这时，亚历山德拉把她请进白金汉宫，让他们做了最后的道别。

亚历山德拉守在丈夫的床边，陪他走完生命的最后几个小时。他去世后，她把余生都献给了慈善事业。1925年，她也走完了一生，安息在她丈夫的身旁，终于与这个男人永远地相守在一起。

▲ 亚历山德拉与她的女儿维多利亚相依为命。对于丈夫的不忠，她忍气吞声，把一生献给了自己的家庭

破坏了，要求收回于他不利的说法，事情最终闹上法庭。亚瑟·威尔逊被控诽谤，戈登-卡明执意要澄清已被玷污的名誉。

这场审判堪称伦敦之最，旁听席简直一座难求。爱德华被召来做证时，法庭的气氛一下子被点燃了。这可是自1411年以来首位被召入法庭的王储。爱德华的证词和其他人的证词一样，都是毁灭性的。陪审团判决戈登-卡明败诉，结果，他被开除军籍，也被排挤于马尔伯勒府联谊会之外。不过，尽管亲王这方胜诉，但他也第一次尝到不受欢迎的滋味。他被视为一个热衷赌博、生活奢靡的人，正是他，摧毁了一个勇敢战士的名声。不止于此，亲王的批评者们还怀疑，除了赌博，他有没有别的什么见不得人的勾当？他们开始揣测，马尔伯勒府联谊会究竟在玩什么？

此后，一向嗜赌如命的爱德华收敛了他对牌桌的嗜好。或许，他看明白了，情人的怀抱才是真正的人间仙境，而赌博则是麻烦多多，弄不好还要上法庭！

在爱德华的众多情人当中，特别忠诚于他，或者说，能够触动他社会良知的，主要有三位。

▼ 爱德华的妻子,丹麦的亚历山德拉,是一位极受欢迎的公众人物,也是6个孩子的母亲

第一位是黛西·格雷维尔（Daisy Greville），沃里克伯爵夫人，她的情人之多毫不亚于爱德华。黛西与威尔士亲王相好9年，经常与亲王一起现身于一些公务活动。每当他外出公干，她就利用她的高级社会身份，公开陪伴她的情人。在她埃塞克斯的豪宅里举办的疯狂派对上，她曾鼓动换妻游戏和性爱实验；但同时，这位执着的肉欲探索者也积极游说，支持社会改革。不仅各行各业的工会组织云集她的家中，她还慷慨解囊，为妇女争取接受教育和参与选举的权利。她利用自己是威尔士亲王的红人这一身份，叩开一道又一道方便之门——若是没有这层关系，不知要吃

▲ 爱德华把他的情妇詹妮——伦道夫·丘吉尔女士——介绍给她未来的丈夫

纸牌赌博游戏搅起轩然大波,也把爱德华的名字拖入泥潭。

▲ 维多利亚女王一直武断地将她挚爱的丈夫艾伯特的去世怪罪于爱德华

▲ 位于巴黎沙巴奈大街12号的沙巴奈高级会所，曾向它的许多贵宾提供极为周到的性爱服务

▲ 哈丽特·莫当特与爱德华之间的风流韵事导致她的婚姻终结，后来的岁月她是在一家精神病院里度过的

▲ 爱丽丝·凯佩尔曾是爱德华的忠实情人。如今，她的曾外孙女卡米拉，即康沃尔公爵夫人，是现任威尔士亲王的妻子

多少闭门羹。她也敢于公开呼吁他支持这些事业，真正成为唤起他社会良知的第一人，也是影响最大的那个人。

结束了与黛西·格雷维尔的恋情之后，56岁的威尔士亲王又把爱丽丝·凯佩尔（Alice Keppel，后来的康沃尔公爵夫人卡米拉的曾外祖母）纳为他的情妇。爱丽丝比爱德华年少25岁有余，两人之间的情爱关系毫不避讳她的丈夫。每当爱德华来访，这位丈夫就赶紧自己躲出去。这段恋情在爱德华登基后依然持续，一直到他去世。在这期间，爱丽丝不断地想方设法改善他的生活方式，促进他的身体健康，至死方休。她还把她的情人介绍给艾格尼丝·凯泽（Agnes Keyser），这位交际花一生致力于人道主义事业。在布尔战争期间，她甚至把自己的家改造成收治伤病员的医院。艾格尼丝与爱德华的妻子亚历山德拉也成了朋友，实际上，她是他最后一位正式的情妇。

不管他的母亲如何诅咒他，爱德华终究是一位人气很高的亲王，也是一位深受爱戴的国王。年少时，他受够了清规戒律的约束和死板僵化的教育；长大后，他寻欢作乐，毅然决然地反抗他的父母向他灌输的那些教条，义无反顾地在欲海情涛中沉浮一生……这并不令人吃惊。但匪夷所思的是，他荒淫无度的生活并未招致公众永久的唾弃，直到今天也有人为之津津乐道。

爱德华七世登基

当今世界，王室成员在一大批公关专家和媒体顾问的监督指导下，装点门面成为头等大事。
但在爱德华七世那个时代，这位维多利亚女王的儿子随心所欲、放荡不羁的糜烂生活，却丝毫无损于他的公众形象。

文 / 凯瑟琳·柯曾

在联合王国的历史长河中，有一位特别的君主，脸庞坚毅而受人尊敬，品德高尚而堪称楷模。毫无疑问，这位君主就是维多利亚——大不列颠及爱尔兰联合王国的女王，也是后来的印度女皇。从她加冕那一刻起，直到她去世，维多利亚女王始终全心维护王权，维护她所继承的王位的尊严。她和她的丈夫艾伯特亲王一起，保证了她的血脉中不仅有直接继承人，还有充足的备选者。在她与艾伯特21年的婚姻中，以及他早逝后她伤心欲绝的岁月里，维多利亚女王一直不遗余力地确保她所坚持的价值和道义能够传承下去，由她的子孙后代发扬光大。即使不可能事事如她所愿，她也始终都是大英帝国的化身，是强大、坚定、顽强和威严的象征。

维多利亚女王（汉诺威王朝最后一位君主）的统治，持续了惊人的63年。她生育了9个子女，他们不仅长大成人，而且全都成就了他们自己的王室联姻。维多利亚和她的丈夫艾伯特，都受过高等教育，也受过严格的道义准则的熏陶。所以，他们坚定地认为，他们的子孙必须有君主子嗣应该有的样子。当然，最严格的管教可能就落在他们的长子威尔士亲王爱德华身上。爱德华生于1841年，打小他就为日后继承王位开始了军事化训练。

童年时代的伯蒂（家人都这么叫他）从未有过机会像正常的小孩一样享受简单、快乐的生活。相反，每时每刻他都绷紧神经，因为他的父亲艾伯特为他量身制订了一套严格的教育计划。

▲ 爱德华经常接待来自欧洲大陆的亲戚，包括后来被处死的俄国沙皇尼古拉二世和他的家人——他们曾到访奥斯本庄园

> **随着时光的推移，爱德华的贪欢热情愈加高涨，终于惹恼了维多利亚女王。**

爱德华百般努力想要达到他父母的要求，可他的头脑却总也不听使唤。他的大妹妹维多利亚思路敏捷，颇有学者之风，而他却在艾伯特精心设计的温室教育环境中恹恹度日。天性开朗、活泼而散漫的爱德华，只觉得那些条条框框令他晕头转向，令一个又一个老师为之蹙眉，也让他的父母徒然兴叹。

转折发生在1859年。当时，刚满18岁的爱德华被送到罗马。挣脱了宫廷的禁锢，小伙子仿佛一下子开了窍。回国以后，虽然他还要继续接受教育，但这次不是在维多利亚和艾伯特的密切注视下进行，而是入读牛津大学。在这里，他可以尽情发挥他的社交才能。不久，他便发现，大学比之前的讲堂更适合他的性格和偏好。后来，他转入剑桥大学研修历史，而且平生第一次真正开始喜欢上他的学业。威尔士亲王的大学时光见证了他的成长，他并没有令人失望，而是终于有所建树。

爱德华不是家中最聪明的孩子，但毫无疑问他是最具魅力的那个。1860年的北美之行，使他成为第一个出访该地区的英国亲王，所到之处，他总能赢得许多粉丝和朋友。似乎他是一位

▲ 民众涌上街头，争相一睹新国王的加冕巡游

天生的外交家，有一种令各行各业的人们感到轻松愉快的天赋，而且明显不费吹灰之力。

然而，这位十分善于交际的亲王并不希望过一种充满王室责任和外交往来的生活，而是想要在军队中建功立业。尽管他的父母断了他上阵杀敌的念想，却允许他时不时参加一些演习，满足一下他的愿望。就是在这样一个空当，他终于找到了人生志趣——当然，不是军事训练之乐，而是放纵情欲之欢。与女演员内莉·克利夫登共度的激情澎湃的三日时光，开启了爱德华生命的全新篇章。从那时起，直到他近半个世纪之后去世，他对情欲的追逐几乎从未减退。

即使爱德华娶了丹麦公主亚历山德拉，他也依然是一个不折不扣的花花公子。他和他的新婚妻子牵头成立了一个社交团体，名曰"马尔伯勒府联谊会"——因为他们总在威尔士亲王的这幢伦敦大宅里聚会而得名。亚历山德拉对丈夫的不忠忍气吞声，即使没把他的某些长期情妇视为朋友，她无疑也接受了她们加入这个团体。不过，在整个婚姻存续期间，她一直忠于她的丈夫，不但无所抱怨，而且还为他养育了6个子女。

然而，随着时光的推移，爱德华的贪欢热情愈加高涨，终于惹恼了维多利亚女王。她甚至责备他害死了他的父亲。当时，艾伯特已身染伤寒，最终可能难逃一死，但他仍然坚持冒着倾盆大雨去看望他的儿子，劝他结束与内莉·克利夫登的恋情。艾伯特一回来病情就恶化了，两周后溘然长逝。尽管恶劣天气与她丈夫的死毫无关系，但是要说完全不怪爱德华，维多利亚绝不会答应。她认为她的长子道德沦丧，已经不可救药。所以，在未来的岁月中，她一有机会就提醒爱德华，是他的过失，才导致他父亲的早逝。

▲ 9位欧洲君主齐聚爱德华七世的葬礼，其中包括威廉二世和乔治五世

欧洲的舅舅

威尔士亲王不是一个政客，但是做了国王，外交就是他的家务事

欧洲最强大的王室家族之间几十年的联姻，使爱德华七世几乎与他同时代的每一位欧洲君主都沾亲带故。

在他的大家族中，既包括他的外甥德国皇帝威廉二世、挪威国王哈康七世和俄国沙皇尼古拉二世，也有嫁入西班牙、瑞典等国宫廷的外甥女（或侄女），还有统治保加利亚、比利时和葡萄牙等国的远房表亲，等等。

权力触角分布如此之广，免不了家族内部也会争风吃醋。爱德华七世的人脉遍及欧洲大陆，而威廉二世无论如何也难以望其项背，所以时间一久，外甥对舅舅自然由嫉生恨。随着爱德华插手外交事务，威廉深信这是有意要孤立德国。

维多利亚原本希望通过联姻来维持欧洲和平，但事实证明她想错了。爱德华死后，他的继任者乔治五世与德国皇帝越发不合。威廉认为，乔治和尼古拉之间的表兄弟之情，英俄之间的国家之谊，都在将他排除在外。随着第一次世界大战爆发，家族内部的分歧再也无法和平解决，尽管血脉相通，三位表兄弟最终却不得不兵戎相见。

▲ 维多利亚女王死后,爱德华把奥斯本庄园捐给了国家

可是,来自母亲的声讨,他充耳不闻,只管我行我素,继续他随心所欲的生活。虽然维多利亚女王断绝了他对军事事业的抱负,却挡不住他对赌博和赛马的痴迷,更别说阻止他投入那些漂亮但往往声名狼藉的女人的怀抱。

不过,职责和命运终将有一天要把爱德华推上王位,即使喜欢享乐,他也在为未来执政积累人气。在王室成员中,他第一个将官方出访公开化(我们如今对此已经习以为常),并且在公共建筑的揭幕仪式上和一些高调的公务活动中抛头露面,但是对于这些,维多利亚无不反对。她认为他那是轻浮之举,有过分讨好公众之嫌,他应该向他们显示的是他更严肃、更稳重的一面。每当涉及国务要事,她都尽可能不让他沾边。但是,到了1898年,在她的在位60周年庆典之后,维多利亚女王意识到,她的执政时间再长,也不可能永远持续。她不情愿地稍微放松了对议会事务的掌控。尽管爱德华依然没有得到任何决策的权力,但毕竟第一次,威尔士亲王终于可以至少看一看政府送给他母亲的那些文件。

1900年7月30日,维多利亚女王的二儿子阿尔弗雷德,萨克森-科堡-哥达公爵,死于喉癌。这是维多利亚失去的第三个孩子,他的去世给了年迈的女王沉重一击。她退隐到怀特岛上的奥斯本庄园,这里曾是她和艾伯特婚后的甜蜜之地,而现在她只能为他们的儿子独自服丧。她的健康早已一年不如一年。

1901年伊始,她病得比以前更加厉害。随着身体迅速衰弱,维多利亚女王即将走完她长长的人生。许多年前,一个18岁的女孩登上王位,掌权60多年后,她已经成为英国及其地域辽阔的帝国的象征,似乎像国土一样亘古永存,不可撼动。她的统治是英国在经历了几个昏庸的国王之后,迎来的一段充满希望的稳定时期,而她也不辱使命,将全副身心都交付给她的王国,最终使它成为世界上最强大的国家之一。普天之下,凡英国声威所及之处,皆有女王之名相随。

除了维多利亚女王,别人坐上英国国王的宝座,那简直令人不敢想象。然而,她也只是凡人之身。随着1901年的到来,维多利亚再也没能走出奥斯本庄园。风湿病害得她几乎无法动弹,白内障也影响了她的视力,使她几近于一个盲人。女王已经卧床不起,身体虚弱不堪,她的身边站着她的子女,以及她的外孙,德国皇帝威廉二世。他们都在等待她的大限之时。

1901年1月22日傍晚,维多利亚女王去世。她的床边站着威廉和爱德华,她那条心爱的狗图里躺在床上,依偎着她。她活了81岁,在王位上的时间将近64年。这真是一个时代的终结。

正如人们所料,维多利亚对她自己的葬礼留有指示,根据她的遗愿,她安息在温莎城堡她已故的丈夫身旁。她的去世令民众感到吃惊,仿佛他们本来期待她会长生不老似的,现在她这一走,谁都有点茫然。当然,留给威尔士亲王的是一项艰巨的任务。

爱德华坐上联合王国的君主宝座,也成为印度的皇帝和英国自治领的国王,时年59岁。他的母亲一直想让他采用艾伯特·爱德华国王这一名号,以纪念他的父亲,而他的选择却是爱德华七世国王。我们可能会猜到,他之所以这么做,是因为他不希望以官方名号来纪念他的父亲。但爱德华自己解释说,他的父亲是一个伟大的人,应该拥有独立的名字和声望。

然而,就在距离爱德华加冕仅有两天的时候,他却被诊断出阑尾炎。不管民众是否欢迎,原定于1902年6月24日的仪式都只能叫停。经过危险的急诊手术,爱德华的拥护者们被告知,新国王已经开始享受雪茄,根本无须担心,没有任何其他病征。1902年8月9日,爱德华终于在威斯敏斯特大教堂加冕,举国上下欢声一片,恭贺这位亲民的新任君主。

爱德华七世执政伊始,便赢得了民众热情洋溢的支持,这要归功于他担任威尔士亲王那些年的表现。与他的母亲一脸阴沉、永远悲伤不同,他为民众提供了一副丰富多彩又可爱迷人的形象。尽管年轻时丑事不断,绯闻连连,但他尽量避免引起公众反感,与他有瓜葛的主要限于他自己的社交圈子,在那个圈子里他的行为也并不突出。若有必要,公众所了解的那点风流韵事也可以当作无稽之谈,轻松搞定,他绝不允许他的个人私事影响到他的宪法职责。

▲ 新加冕的国王爱德华七世和王后亚历山德拉受到臣民们的热情拥戴

▲ 爱德华七世热爱传统，他的加冕可少不了礼节和仪式

成熟的年纪，开阔的视野，幸福的婚姻，娴熟的外交……一切的一切，造就了一位和蔼可亲、平易近人的国王。从这一点来看，他与维多利亚完全相反。他的妻子亚历山德拉早已是公众的宠儿，女王身体有恙不便出席一些社交和公务活动时，她经常为她的婆婆填补空缺。实际上，夫妻二人风雨同舟，已被视为黄金搭档，公众和政府也都希望国王爱德华七世不要有任何非分之想。在他作为威尔士亲王的漫长岁月里，爱德华明智地选择不与任何党派结盟，也从未显示出在左派或右派拥有信臣。相反，他几乎一直保持中立，专注于外交事务，这对天赋魅力的爱德华来说，简直就是小菜一碟。

新任国王把奥斯本庄园捐献给国家，多年来用作王家海军的培训学院。他还是一位精明的财务经理，是继承王位的历代君主中首位没有欠债的。当然，倘若爱德华早些年继位，身居王座而背负数不清的风流韵事和嗜赌恶习，那么他的公众形象很可能就会大相径庭。然而，他作为威尔士亲王那些年所取得的成绩，却与维多利亚和艾伯特疾言厉色的严格管教没有关系。时间和外交经验教会爱德华如何做一位国王，水到渠成地让他戴上当时世界最大的超级帝国的王冠。毫无疑问，他很看重这一新的角色。但是，回想许多年前他从罗马归来，从此踏上极尽奢侈生活之时，那个脾气随和、平易近人的翩翩绅士却从未改变。

国王爱德华七世的任期不到9年就宣告结束，但是他却受到英国民众的普遍爱戴。他问心无愧地追求美好生活（也许正因为这一点），使他成为与维多利亚完全不同的另一个话题。在旧体制消亡之后那个令人迷茫的时代，他简直就是一缕清风。他翻修破败的王家宅院，捡起他母亲弃之不顾的一些传统，坚定地支持改进教育、营造全新科学和艺术氛围的各种开创性举措。

▲ 爱德华最终登基时，年龄和思想都已臻成熟

▲ 爱德华七世不喜欢政治，但爱好社交

他成为与维多利亚完全不同的另一个话题。在旧体制消亡之后那个令人迷茫的时代，他简直就是一缕清风。

1910年5月6日，国王爱德华七世在连续的心脏病发作之后，告别了人世。对于这位一生爱好玩乐的国王来说，颇有代表性的，是他临终之际仍心系赛马场，直到得知他的马儿"云中女巫"第一个冲过坎普敦公园的标志杆，他才满意地咽下最后一口气。这是爱德华七世的最后一场胜利。当他庄严地躺在那里等待安葬时，40万民众鱼贯经过他的棺椁，献上他们最后一次衷心的敬意。

▲ 爱德华七世是一位颇受民众拥戴的国王，但这并不妨碍《笨拙》杂志拿他花里胡哨的王袍逗人一乐

▼ 艾伯特·维克多,无论怎么看都是个王子,却常常遭到讥讽,被视为一个毫无头脑的蠢人

死去的继承人

在爱德华七世和亚历山德拉所有的孩子当中，
谁也没像他们的长子那样惹出这么多麻烦。

文 / 凯瑟琳·柯曾

1901年，爱德华七世继承王位。（他的母亲维多利亚女王，作为英国历史上最正直也最顽固的君主之一，至今仍被人念念不忘。）他虽然继承了母亲的王冠，却毫无疑问没有继承她端正的品行。他勾搭情妇，热衷赌博，甚至在巴黎最高档的妓院拥有一个私人包间……上流社会的种种疯狂生活他无一不染。不过，爱德华七世除了身为国王，毕竟还是一位丈夫和父亲，他和她的妻子亚历山德拉一共生了6个孩子。尽管有一个——亚历山大·约翰——不幸夭折于襁褓中，但其他三个女孩和两个男孩都在一天天长大。

爱德华和亚历山德拉的长子，即艾伯特·维克多（Albert Victor）王子，人称埃迪。虽然这位继承人英年早逝，他闹出的丑闻却比他的弟弟妹妹一辈子见到的还要多。

艾伯特·维克多打小在学习上就无长进，后来干脆放弃学业参了军，成为第10骑兵团的一位轻骑兵。他很少承担公共职责，也不像他的父亲那么受欢迎，鲜有粉丝追捧。可谁知一旦丑闻上身，竟然一发不可收拾。随着王子被卷入一桩肮脏的诉讼案件，他的名字很快便在街头巷尾传开了。

案件始于1889年7月，当时，伦敦中央电报局发生了一桩失窃案，警员卢克·汉克斯随即展开调查。调查过程中，他讯问了15岁的电报员查尔斯·托马斯·斯温斯克，结果发现，他的名下有一大笔钱。汉克斯当即怀疑斯温斯克与窃案有关。然而，令这位警员想不到的是，他竟然不经意地揭开了一桩惊天丑闻！

斯温斯克告诉汉克斯，他的钱并非偷窃得来，而是为马里波恩区克利夫兰大街19号的一家男性妓院服务赚取的。那家妓院的拥有者和经营者是一个名叫查尔斯·哈蒙德的人，他通过电报局其他员工介绍，经常从电报员当中招聘娈童。同性恋和同性卖淫在当时都是非法的，违者将被处以监禁或苦役，所以汉克斯把这一发现向他的

▲ 在这张全家福中，爱德华七世和亚历山德拉与孩子们一起，呈现出国王一家祥和安乐的完美画面

上司做了报告。

案件被移交给警探弗雷德里克·埃博莱——此人因侦办"开膛手杰克"案而一举成名。埃博莱登门造访克利夫兰大街19号，却发现大门上锁，人去楼空。原来，哈蒙德收到匿名线报，早已逃之夭夭。但是，埃博莱逮捕了亨利·纽拉夫，邮政总局的一个18岁员工，就是他介绍哈蒙德认识了斯温斯克和另外几个年轻人，然后他们才去克利夫兰大街卖淫。

拘留期间，纽拉夫供出光顾妓院的一些客户的名字。在那些带头衔的绅士当中，有一位亚瑟·萨默赛特勋爵（Lord Arthur Somerset）。巧的是，萨默赛特名列艾伯特·维克多家的座上宾之首，而维克多的父亲是当时的威尔士亲王。或许是顾忌萨默赛特的人脉，埃博莱虽然讯问了他，却并未对他实施抓捕。相反，他把精力集中在哈蒙德身上。随着网口收紧，警察逮捕了乔治·维克，电报局的一位前雇员。维克把调查引向其他变童，他们又供出一些客户的名字，而其中又一次出现了那个后台很硬的亚瑟·萨默赛特勋爵。

萨默赛特再次接受讯问。这一次被释放后，他径直奔向德国，跟王室度假去了。尽管萨默赛特不久即返回英国，但是当逮捕令签发时，他又溜之大吉。他这一跑就再也没回来，从此在法国的里维埃拉过着安静的奢侈生活。不过，当纽拉夫和维克受审时，为他们辩护的却是萨默赛特的律师，而萨默赛特则全额支付他们的诉讼费用。当然，这一切都没有逃过媒体的眼睛。当被告获刑两到四个月苦役时，报纸议论纷纷，矛头直指名字与案件有牵连的那些贵族。令人特别感兴趣的是，有一位没说出名字但屡屡被提及的高层人物，也是克利夫兰大街的常客。鉴于萨默赛特的人脉和那位匿名VIP背后的神秘，使人不由得猜测那就是闭门不出也不受公众待见的艾伯特·维克多——克拉伦斯公爵。

判决的相对宽松难免让人议论纷纷，哈蒙德逃过制裁远走美国，也实在叫人看不下去。英国首相索尔兹伯里勋爵（Lord Salisbury）亲自介入，决定不引渡哈蒙德，这更加深了包庇的嫌疑。所有对他的指控都一笔勾销，使他得以逍遥法外，凭什么？难道是因为他有些不可告人的证据，比如某些名字，一旦在法庭上公布出来，就可能动摇"大厦"的根基？如果真是这样，那么

开膛手杰克？

名字与那个臭名昭著的连环杀手沾边的，何止艾伯特·维克多王子一人

名字与悬而未决的开膛手杰克案有关联的人，可不止艾伯特·维克多一个。和他一起分享嫌疑人"荣誉"的，还有数不清的其他选手，例如维多利亚女王的医生威廉·威西·格尔爵士、大名鼎鼎的画家沃尔特·西克特，以及艾伯特·维克多的旧日老师詹姆斯·肯尼思·斯蒂芬，等等。亚瑟·柯南·道尔爵士曾怀疑，凶手是否有可能是一个女人？他指出，一位助产士很容易取得被害人的信任，也拥有杀人案中所显示的那种医学知识。

警探弗雷德里克·埃博莱，就是牵头调查克利夫兰大街案的那位警官，也曾去调查开膛手杰克的一位资深人物。他的头号嫌疑人是塞维林·安东尼奥维奇·克洛索夫斯基——出生在波兰但住在英国的一个连环杀手。克洛索夫斯基化名乔治·查普曼，毒死了三个女人，后来被捕，并于1903年被处以死刑。尽管克洛索夫斯基确实是一个极端仇视女人的凶暴之徒，但要说他与开膛手谋杀案有关，却一直找不到任何铁证。

一个多世纪以前，五个无辜的女人惨遭杀害。谁是凶手至今仍众说纷纭，无一定论，但公众对开膛手杰克的那种食尸鬼似的迷恋之情，却丝毫没有消退的迹象……

▲ 在开膛手杰克案中，被执行死刑的塞维林·安东尼奥维奇·克洛索夫斯基是当时的嫌疑人

显然，那位光顾这家妓院的匿名人士就是艾伯特·维克多。

传言中艾伯特·维克多也在克利夫兰大街的嫖客之列，应该就是事实。

一旦有证据显示艾伯特·维克多是一家男性妓院的嫖客，对王室家庭的影响将是巨大的。王储将成为罪犯，因为在英国，同性交合是非法的，他将被他的臣民视为堕落之人。寄给爱德华的匿名信似乎在暗示，他的儿子真的牵涉其中，即使免予起诉，本已不得人心的艾伯特·维克多也经不起再与克利夫兰大街有任何瓜葛。

英国报纸有所顾忌，怕指名道姓可能会被告上法庭，所以集体噤声，索性对此案以及它的种种疑点不再跟进报道。然而，案件并未就此石沉大海。随着几十个嫌疑人陆续受到追查，一位敬业的记者趁机又把这个案子捞了上来。他叫欧

莫莉屋

克利夫兰大街上的这家男性妓院曝出了一桩丑闻，但绝不是第一家此类妓院

在18和19世纪，男子同性恋者不敢公开接触，否则会被拘捕和判刑。于是，他们往往聚集在莫莉屋（molly-house）、酒馆和一些私密场所，到了这些地方，他们可以无所顾忌地彼此交往。

1861年以前，同性恋是一项死罪，在那种情况下，莫莉屋应运而生。到了这里，男同性恋者终于可以成为自己，也有望结交朋友，发展亲密关系。也许其中最著名的当数"克拉普妈妈的莫莉屋"。但在1726年，这家莫莉屋遭遇突袭搜查，结果，它的主人玛格丽特·克拉普被戴上木枷示众，她的三位男性顾客被处以绞刑。

莫莉屋里面毫无疑问会有性行为发生，但它们不一定就是妓院。然而，从法律的角度看，两者差别并不明显。在公众的心中，莫莉屋和妓院更是本质相通。

最著名的男妓可能非爱尔兰人约翰·索尔莫属，克利夫兰大街案牵涉到他，令人震惊的1884年都柏林城堡聚众淫乱案中也有他。索尔成为维多利亚时代色情文学中一位热门人物。"退休"之后，他进入家政服务业，给人做了几年管家，1904年去世，年仅46岁。

▲ 对于维多利亚时代的追腥逐臭者来说，男性妓院和莫莉屋散发出禁果一般的迷人气息

内斯特·帕克（Ernest Parke），是第一个详细报道这件事的人。一开始他没有指名道姓，但他的后续报道就不那么客气了。除了亨利·詹姆士·菲茨罗伊（尤思顿伯爵，也是王室圈子里的人），帕克还提到涉案的一位享有更高身份的未具名人士。他说，就是在此人的帮助下，哈蒙德和一众娈童才逃离英国。据帕克的说法，首相做出干预哈蒙德案、撤销对其指控的决定背后，也有这位匿名VIP的指使。显然，那位光顾这家妓院的匿名人士就是艾伯特·维克多。他的父亲爱德华，威尔士亲王，是王位第一顺位继承人，当然有可能亲自出马安排掩护，要求压下案件，不让长子的名字出现在报纸或法庭上。这样一番掩饰，将会避免可能给君主制带来的灾难性局面。

尤思顿伯爵向帕克提起诉讼，指控其诽谤。尤思顿承认拜访过克利夫兰大街的哈蒙德，但他坚称，他并非要找男童，而是要找一些女性裸体模特做一场艺术展示。他还坚称，一发现房子里的真实内幕，他就立即编造借口，转身离开了那里。尽管有娈童的证词，说他们曾经服侍过他，但陪审团还是做出了有利于尤思顿的裁定，帕克罪名成立。不过，包庇的嫌疑仍未排除。随着萨默斯特的律师亚瑟·牛顿被指控妨碍司法公正，人们的猜疑再次升温。最后，他罪名成立，被判入狱六个星期，但这并未影响他继续执业。几年后，奥斯卡·王尔德因严重猥亵遭到逮捕，牛顿作为他的代理律师又一次站到法庭上。

有人猜测，牛顿肯定向某个知情人提到了艾伯特·维克多的名字，希望以承诺不在法庭上指认艾伯特·维克多来换取他的自由。也许这是一种微妙的要挟手段，抬出王储的名字以保证有人介入，像保护哈蒙德一样使他也免于牢狱之灾。难道是他给威尔士亲王写了那些匿名信？这不能不令人怀疑，毕竟，那些信一出现，逮捕马上停止了。最终，原先被认定常去克利夫兰大街的那几个老主顾，一个也没被起诉。不管艾伯特是否涉案，毫无疑问，他和他的父亲都不希望王室家庭与一桩同性妓院丑闻有任何干系。

帕克诽谤案的警示之音犹在耳畔，英国媒体又一次集体沉默，但国外同行却不管这套。1889年末，艾伯特·维克多被派往印度，进行一次大范围巡访。此举被视为王室的一项策略，让他远离公众视线，意图掩盖他与妓院案有关。如果真是这样，效果并不好，反而更激发了外界的怀疑。究竟事情真相如何？艾伯特·维克多是否去过克利夫兰大街？他是不是同性恋甚至双性恋？哪一种猜测都从未有过定论。但即便如此，直到今天，艾伯特·维克多的名字也依然与克利夫兰大街紧密相连。

可惜，克利夫兰大街丑闻的结果，只是加强了对同性恋的惩戒力度。它给人留下一种印象，即同性恋者大多数是作恶多端的纨绔子弟，他们因为金钱和特权而变得道德败坏。焦点集中在那些嫖客身上，而克利夫兰大街的娈童们所受到的剥削却基本上没人注意。此后多年，这种情况也毫无改变。

从印度回国后，王子又陷入与舞女莉迪亚·米勒的绯闻中，导致后者喝苯酚溶液自杀。为了让艾伯特·维克多的名字远离媒体，查尔斯·蒙塔古勋爵宣称米勒是他的情妇，但是，她与王子的风流韵事早已是公开的秘密。然而，英国媒体对于指名道姓报道艾伯特·维克多的绯闻仍犹豫不决，就像它们在克利夫兰大街案期间所表现的一样。海外报纸却没这么客气，迅速登出艾伯特·维克多就是莉迪亚·米勒的情人。这无异于火上浇油。

正当王室家族紧锣密鼓安排艾伯特·维克多迎娶特克的玛丽（Mary of Teck）公主的时候，他却在1891年的大流感中一命呜呼了。迟钝、懒惰，明显智商不足，也不受公众待见，这

▲ 威尔士的莫德公主是爱德华七世最小的孩子，后来成为挪威王后

样一位王子的死,很自然地掀起了一阵阴谋论的说法,有鼻子有眼地证明是谋杀之类的行径。其实,根本没有那回事。那场席卷全国的大流感夺走了成千上万人的性命,艾伯特·维克多只是他们当中的一个罢了。

不过,即使身埋地下,丑闻也没放过他。多年后,一个名叫马格丽·哈登的女人跳了出来,声称王子是她已经成年的儿子克拉伦斯的父亲。她说,艾伯特·维克多出访印度期间,她曾跟他有过一段美好情缘,克拉伦斯就是他们一夜激情的产物。尽管王家律师承认两人之间存在那种关系,但马格丽对于他们父子关系的说法则提供不出任何证据。

后来,克拉伦斯在一本书中重申了他的主张。1933年,他竟然要挟乔治五世拿钱封口,结果因涉嫌敲诈而被告上法庭。王室认为克拉伦斯和他的母亲都患有妄想症,所以对他们的要求完全不予考虑。然而,关于艾伯特·维克多的流言蜚语还没有结束,接下来的栽赃更为严重。

谁也没想到,死后多年,艾伯特·维克多的名字又上了开膛手杰克那桩悬案的嫌疑人名单。20世纪60年代,有人抛出了新的说法,认定艾伯特·维克多曾跟伦敦白教堂区的一个妓女生有一个孩子,因为被开膛的受害人知道其中秘密,所以他必须不惜一切代价杀人灭口。艾伯特·维克多的日记中与开膛手事件不相吻合之处,也被稍加修正,说成是当时有一帮同伙替他行凶。这一说法毫无疑问颇有戏剧性,却罔顾了一个事实:历朝历代,王家私生子嗣(包括继承人的)

▲ 艾伯特·维克多在迎娶特克的玛丽之前就病死了。后来,她嫁给了他的弟弟乔治

一直都是被公开承认的。当然,事实总得为一篇好故事让路,这也是不变的法则。

艾伯特·维克多王子在他28年的短暂人生中惹出这么多丑闻,他若有时间做出别的事情,那才是奇迹呢。他死后,他的弟弟乔治成了王储。1910年,乔治登基为王,开始执政,直到他1936年去世。

长公主路易丝(Louise)是爱德华和亚历山德拉的大女儿,毫无疑问最让他们放心,始终没闹出任何丑闻。实际上,她堪称王室公主的典范。22岁时,她嫁给了亚历山大·达夫(Alexander Duff)。达夫比她年长近20岁,

死后多年,艾伯特·维克多的名字又上了开膛手杰克那桩悬案的嫌疑人名单。

▲ 国王爱德华七世和王后亚历山德拉的5个孩子，维多利亚和艾伯特的孙子和孙女

已经是一位爵士，他们结婚之后没几天，维多利亚女王就封他为第一任法夫公爵。这对幸福的夫妻生了两个女儿和一个儿子（是个死胎），但他们的婚姻却是短暂的。1911年的一次海难过后，公爵因胸膜炎一病不起。1912年1月，公爵去世，他的妻子继承他的头衔，成为法夫女公爵。接下来的17年，她过得波澜不惊，直至1931年去世。

联合王国的维多利亚公主，人称托莉雅（Toria），是国王和王后的第四个孩子，同样品行端正。尽管不乏求婚者，包括葡萄牙国王卡洛斯一世等，她却终生未婚，一直住在家中与母亲为伴。直至1925年亚历山德拉王后去世，维多利亚公主才踏出家门，一个人搬往白金汉郡的科平斯村，在那里过起了幸福的隐居生活。1935年12月，托莉雅去世，安葬在弗罗格莫尔。她的离去令哥哥乔治五世（他一直很疼爱这个妹妹）伤心欲绝，一个月后，他也与世长辞。

爱德华七世和亚历山德拉最小的孩子是威尔士的莫德（Maud），她嫁给了丹麦王子卡尔。卡尔当上挪威国王，加冕为哈康七世（Haakon VII）时，莫德成为他的王后。莫德王后与哈康国王只生了一个孩子亚历山大王子，后来，他执政挪威，称奥拉夫五世（Olav V），他的母亲莫德王太后也成了斯堪的纳维亚王室中一位令人敬畏的人物。她热心慈善，甚至支持建立第一个未婚母亲之家，这在当时的挪威堪称激进之举。

莫德身在异国他乡，虽然生活幸福，但她总觉得英国才是她的家，所以，每年她都会返回祖国。她的最后一次公开露面就是在英国。当时是1937年，她出席了她的侄子乔治六世的加冕典礼。也许是天遂人愿，莫德王后在1938年10

▲ 艾伯特·维克多，身旁是他的弟弟乔治——后来成为乔治五世

月一次回乡探亲期间一病不起，最终在她挚爱的故土咽下了最后一口气。她是爱德华七世的孩子们当中最后一个去世的，但是他们没有一个活过70岁。

与他的弟弟妹妹们（尤其是他的几个妹妹）相对保守的行为相比，艾伯特·维克多完全是一个纵情声色犬马之人。他情感冷漠，学业上充其量算是中等水平，也很少融入公众或跳出他自己的社交圈子。他完全不具备父亲爱德华七世和弟弟乔治五世的那种个人魅力和亲民姿态，也就难怪不受人待见了。就是这种褊狭和笨拙，导致他身上的流言和疑点始终挥之不去。不过，多少年来，也一直没有确凿证据证明他与那些骇人听闻的事件有关。

从克利夫兰大街案，到开膛手杰克案，到情妇自杀案，再到其他……艾伯特·维克多像磁铁一样，吸引了一轮又一轮风言风语。假如他活到加冕为王，他会给君主王朝带来多少新的闹剧？他的执政又会给后世留下怎样的印象？无论如何，这都是无端的猜测罢了，毕竟，艾伯特·维克多永远不可能有机会当上国王来证明自己。相反，随着乔治五世的登基，英国改朝换代，一头撞进了纷乱的20世纪。

温莎王朝的诞生

53

121

147

99

117

52	新王朝的黎明时刻
54	一位平凡的国王
66	神秘的王子
77	令人绝望的继承人
87	恋爱中的伯蒂
97	"我们四个"的幸福之家
106	并不平静的驾崩
110	公众之爱，个人之殇
119	声名狼藉的一生
128	国王的演讲
138	从空袭到胜利：乔治六世的背水一战

继承顺序　 婚配　 离异

新王朝的黎明时刻

炮火纷飞，全国城市陷入火海之中，
乔治五世果断摆脱了他的日耳曼祖先，
用古老的英国传统重新定义了这个王朝。

爱德华八世
（1894—1972，
1936在位）

父亲去世后，爱德华继任国王。但是，不到一年他就宣布退位，执意迎娶沃利斯·辛普森。

沃利斯·辛普森
（1896—1986）

沃利斯是一个离过两次婚的美国女人，插足于国王爱德华和他的王冠之间。二人余生都住在法国。

乔治六世
（1895—1952，
1936—1952在位）

艾伯特（昵称伯蒂），一个羞怯的男人，绝不贪恋王位，然而，他对国家的忠诚从未动摇。

伊丽莎白·鲍斯-莱昂
（1900—2002）

作为王后，伊丽莎白是英国重振雄风的一面旗帜，连希特勒本人也禁不住慨叹，"她是欧洲最危险的女人"。

玛丽
（1897—1965）

玛丽与他的大哥关系亲密，即使他因退位危机遭到驱逐，她也一如既往支持他。

亨利·拉塞尔斯
（1882—1947）

亨利做过战士领主，"一战"时上线。1922年，他娶国王唯一的女儿。

伊丽莎白二世
（1926—，1952—在位）

伊丽莎白是乔治五世的长孙女，也是他的掌上明珠，在他患病期间，她是他的开心果。

玛格丽特
（1930—2002）

玛格丽特的出生构成了一个完美的幸福之家，但在1934年之前，一直有传言说她又聋又哑，令温莎家族备受困扰。

乔治
（1923—2011）

乔治参加了"二战"，但在1944年，他被德军俘虏并判处死刑，后来获释。

杰拉尔德
（1924—1998）

第一段婚姻结束后，杰拉尔德在奥地利娶了他的长期情妇。两人在婚前已经有了一个儿子。

乔治五世
（1865—1936，
1910—1936在位）

风流成性的爱德华七世驾崩之后，乔治五世做了国王，他决心为君主制度赢回尊重。

玛丽
（1867—1953）

公开场合，玛丽总是一副冷漠而严肃的模样，但骨子里她是一位尽心尽力的好母亲，小儿子的去世令她伤心欲绝。

1902年，艾伯特、玛丽、爱德华和亨利与他们的父亲乔治合影

亨利，格洛斯特公爵
（1900—1974）

亨利深受哥哥的喜爱和信任。乔治六世授权他在紧急情况下代伊丽莎白公主处理政务。

爱丽丝·蒙塔古
（1901—2004）

作为国王查理二世的直系后嗣，爱丽丝于1935年嫁入温莎家族。虽为羞涩女子，但是她那不动声色的幽默感人人皆知。

乔治，肯特公爵
（1902—1942）

乔治是一位满怀激情的飞行爱好者。1929年，他获得飞行员执照并加入王家空军。1942年，他在一次飞机失事中丧生。

希腊和丹麦的玛丽娜
（1906—1968）

玛丽娜王妃一直是一位时尚偶像。她因为脑瘤死于肯辛顿宫。

约翰
（1905—1919）

约翰王子的生命被癫痫消耗殆尽，他在小小年纪就告别了人世。在人生最后几年，他几乎从公众视线中消失了。

威廉
（1941—1972）

威廉爱上了苏西·施塔克洛夫，一位离了婚的模特。两人的恋情一直持续到1972年他于一次飞机失事中丧生。

理查德
（1944— ）

理查德曾在剑桥大学研究建筑学，他的哥哥去世后，他放弃了一份颇有前途的事业。

爱德华
（1935— ）

作为女王伊丽莎白二世的堂弟，爱德华一直代表温莎家族参加官方活动。

亚历山德拉
（1936— ）

像她的哥哥一样，亚历山德拉也代表女王出席官方活动。1959年，她曾对澳大利亚进行过大范围访问。

迈克尔
（1942— ）

作为罗曼诺夫皇族的远亲，当他们的遗骸被挖掘出土时，他自告奋勇，献出他自己的DNA以帮助鉴定真假。

一位平凡的国王

丑闻、革命和战争全都威胁着这个处于欧洲风口浪尖的王朝，但它却奇迹般地幸存下来，这多亏了一个平凡之人。

文 / 尼克·索林格尔

1935年5月6日，暮春里一个极好的日子，明媚的阳光普照着成千上万的伦敦民众，他们拥入彩旗飞扬的大街，庆祝乔治五世执政25周年。他的马车经过时，民众挥舞旗帜，疯狂地为他们的国王欢呼。这位素来冷若冰霜的君主惊讶地发现，他的心正在融化，他被深深地感动了。当他到达圣保罗大教堂，面对等在那里为他主持感恩仪式的坎特伯雷大主教时，国王甚至禁不住向牧师道出了他的惶恐。"对此我无法理解，"他说，"毕竟，我是如此平凡的一个人。"

然而，乔治的平凡恰恰是民众为他大声欢呼的原因。在共和与革命之说甚嚣尘上之际，正是这一点帮助他赢得了人们的喜爱，也保证了英国君主政权的未来。他的银禧纪念是他作为英国君主动荡一生的顶点，而对于这一角色，他既无心继承，又没受过专门的训练。

乔治五世出生于1865年6月3日，是威尔士亲王和王妃（后来的国王爱德华七世和亚历山德拉王后）的二儿子。因为维多利亚女王的统治一直延续到1901年，所以乔治的父亲大部分人生都是储君身份。作为一个既掌握财富又有大把时间的人，他成为那个时代最臭名昭著的花花公子，甚至在婚后，他做了父亲，有了长子艾伯特（家人称为埃迪）、次子乔治和其他几个孩子，也依然放荡不羁。

几乎人人皆知爱德华丑闻不断，但亚历山德拉尽可能保护她的孩子们远离那些没完没了的流言蜚语。年长的两兄弟（出生时间仅相隔18个月）关系亲密，他们早期的童年生活犹如田园牧歌一般，点点滴滴都散发着维多利亚时代多愁善感的气息。然而，父亲与人通奸的真相以及由此引发的痛苦，最终在两个人的性格上都打下深深的烙印，并各自以截然不同的非正常方式显现出来。

作为备选，而非直接继承人，乔治在成长过程中的主要角色就是一直陪伴未来的国王。

▲ 乔治，摄于1870年，他从未指望有朝一日成为国王

正因如此，随着那位名叫约翰·道尔顿（John Dalton）的雄心勃勃的年轻教士（维多利亚女王亲手挑选他作为两位王子的私人教师）的到来，埃迪开始接受教育，六岁的乔治也一同入学。在此之前，两个小男孩几乎不知纪律为何物，但自从有了道尔顿，一切都发生了天翻地覆的变化。后来人们知道，道尔顿纪律严明、一板一眼，他那种超级独裁的教育方法对乔治的性格造成了极其深远的影响。

道尔顿的教育严格有余，但方法不足，他只训练乔治墨守成规，其他的诸如创造性思维之类一概不顾。乔治绝不是傻子，但是他的头脑一辈子都显得不甚灵光。与此同时，埃迪因为早产两个月，已经开始显现我们当今称为"学习障碍"的种种迹象。然而，在那个对心智障碍者缺乏关怀的时代，他只是被武断地视为"低能"。

不过，仍未有任何人指望乔治有朝一日成为国王，相反，倒是有人建议，他应该做好为王家海军效力的准备。1877年，他刚12岁，就被送到德文郡的达特茅斯，接受海军候补学员的培训。奇怪的是，埃迪也被送到那里。13岁的埃迪整天没精打采，越来越萎靡不振，让王室忧心忡忡。道尔顿坚持认为，强行把亲密无间的兄弟俩隔开，可能只会有害于他的进步，而一段时间的军事化训练将有助于培养国王所必需的男子气概和自立精神。为了保证让两个孩子避免"道德上的腐化"，道尔顿说服维多利亚允许他一同前往。随即是两年的海军学院生活，之后，充满好奇的两兄弟一同登上王家舰艇"酒神祭司号"，开始了环游世界之旅。三年后他们回国时，两兄弟才最终分开，埃迪被送去剑桥大学完成他的学业，而乔治则继续留在王家海军。

海军生活正适合乔治。道尔顿的熏陶，让乔治拥有了一种非常强烈的责任意识，而循规蹈矩的生活方式几乎成为他摆脱不掉的信仰。接下来十年，他一路晋升，直到指挥他自己的舰船。就是在这段时间，他树立起硬汉的形象，包括他那标志性的胡须和粗暴的态度。然而，由于王室的丑闻和悲剧，他受到另一种责任的召唤，不得不中断蒸蒸日上的海军生涯。

乔治在海上这段时间，埃迪却在花天酒地，这似乎是继承了他父亲夜晚偷腥的嗜好。埃迪的古怪行为很快引来惊人的流言蜚语。最可怕的是，与他行床笫之欢的不仅有数不清的女人，还有些娈童！

1889年8月，伦敦中心克利夫兰大街上的一家男性妓院遭到突袭搜查。虽然埃迪当时不在那里，但是他的一位密友萨默赛特勋爵却被逮个正着。在随后的调查中，他的律师威胁说，如果进一步追查此案，可能会牵扯出一位重量级人物。结果，萨默赛特逃奔法国，带走了这个所谓的神秘VIP的名字。但大街小巷还是传出了埃迪涉案的消息,到了11月,丑闻已经传得家喻户晓。埃迪的另一位朋友尤思顿伯爵也被媒体曝出去过那家妓院。他提起诉讼,状告媒体诽谤。但在随后进行的那场轰动性的审判中,又有传闻说,他为保护埃迪而掩盖了真相。

王室家庭的公关机器开足了马力。如何才能盖过蜂拥而至的八卦新闻?当然是搞一场耀眼的展示型婚礼。毕竟,不管当时还是现在,英国公众最爱看的,莫过于一场风光的王家庆典。这样一场大戏,既能让公众从埃迪的丑闻中分心,同时也能让国民放心,他是不折不扣的异性恋者。

搜寻合适新娘的工作迅速展开。最终,维多利亚女王筛选出了能让埃迪成为男人(至少在公众眼中)的那个女人,特克的玛丽公主。这位名不见经传的德国王室成员之所以入选,不是因为她的身份(甚至有些低微),也不是因为她的财富(几乎一无所有),而是因为她的顺从。这位君主家长知道,玛丽很守本分,她可以被委以重任,在这场假婚姻中扮演妻子的角色,既不会多事,也不会抱怨。两人即刻订婚,婚礼安排也有序进行。不过,对玛丽来说,值得庆幸的是,埃迪突然一命呜呼了。

1892年1月,就在王室家族齐聚桑德灵厄姆庄园,婚礼庆典即将举行之际,准新郎却患上了流感。结果,既定的婚礼很快变成了一场葬礼。乔治为了哥哥的大喜之日从海上归来,却突然发现自己成为第二顺位继承人,将承担起地球上无比重大的一份责任。

作为王储,此时的乔治急需结婚,开始繁衍后嗣,以保证王室血脉的延续。可是,到哪儿去找合适的新娘?真可谓天缘凑巧,维多利亚之前为埃迪相中的新娘不是正合适吗?于是,埃迪去世一年后,乔治和玛丽订婚,又过了七个月,二

▼ 诺福克郡桑德灵厄姆庄园的约克别墅是乔治五世收到的一份结婚礼物

> **乔治清楚地看到，一位现代君王若要生存，必须服务而不是裁决。**

人结婚。

玛丽（私下里人称"梅"）逃过一劫，而且忽然发现，她不但嫁给了未来的国王，而且嫁给了她心爱的人，更幸运的是，那人也爱她。埃迪去世以后，乔治和玛丽发现他们之间有许多共同语言，所以二人关系越发亲密。尽管玛丽比乔治聪明，但两人同属保守、刻板类型的人，都有强烈的责任意识，做任何事情都一丝不苟。这场婚姻，尽管不无问题，但毫不虚假。玛丽不仅为乔治生养了继承人，而且给了他必要的支持，使他能够带领英国王室走出那段云谲波诡的动荡岁月。

这对新婚夫妻在桑德灵厄姆安了家。他们的新居不是那里的王家大宅（18个月前埃迪刚在这里去世），而是它附近的约克别墅。过去，由于受邀来庄园打猎和跳舞的客人太多，大宅里容不下，所以就建了这幢别墅，解决一部分人的食宿问题。

夫妻二人在这幢相对寒酸的房子里一住就是17年，而对于大英帝国继承人来说，这里却是一处迷人的居所。从规模和样式来看，这幢别墅并不能算是很有贵族气派，也就属于中上流；跟许多郊区别墅相比，它的空间也不是很大。所以，在室内装饰上，乔治的选择并非一些古董和名画（像人们对一个未来君主所期待的那样），他的家具和饰品全都来自梅普尔——伦敦托特纳姆法院路上的一家店铺。就这样，他的这个家，与他许多雄心勃勃的臣民的家，看起来没什么不同。

埃迪惹出的丑闻令乔治十分生气，有关他父亲的流言蜚语也让他极其难堪。成长中的一切都教导他，作为未来的国王，他的行为方式应该合乎他的身份。所以，他的做法是，把家庭的体面变成一门科学，让垃圾媒体和嚼舌根之流嗅不到丝毫恶臭的气息。这简直是天才之举！

1894年，玛丽给他生了一个儿子，取名爱德华，一年后，又生了一个艾伯特，昵称伯蒂。另外几个孩子也相继出生。因为血脉有了保证，乔治开始向他们灌输他自己的一套死板的家规。有一次，当被问及他的为父之道时，他说："我的父亲害怕他的父亲，我害怕我的父亲，我他妈的也要看到他们害怕我！"

孩子们从出生开始，尊敬、服从和尽职尽责之类的教导就不绝于耳。尽管伯蒂也被严格管束，但乔治训诫最为严厉的，当数他的长子爱德华（人称大卫）。乔治对这位未来的国王严格得近乎苛刻，因为他的脑海里总是萦绕着一道阴影，他担心他的儿子到头来可能会像埃迪一样荒淫无度，或者像他自己的父亲一样四处风流。只可惜，这番长远大计，结果却适得其反。

约克别墅的生活枯燥乏味，只有在乔治的父亲（已于1901年加冕为爱德华七世）来到桑德灵厄姆时，单调的家庭气氛才会陡然改观。国王一行风风光光、浩浩荡荡地进入庄园，在豪华宅院中开起盛大的派对。那笑语，那音乐，那叮当的觥筹交错之声，悄然飘到了约克别墅，透过门缝和窗口潜入屋里，打破了原有的寂静。而在其他时候，这座房子沉闷得只能听到时钟的滴答作响。孩子们在家，但只见其身影，不闻其声音。他们的父亲每天晚上11点10分上床睡觉，雷打不动。就是这种压抑的环境，让小小年纪的大卫为祖父的那份华丽派头感到惊奇，同时也让他心中的怨恨日益加深。

俄国皇室的命运

乔治五世为了保住他的王国而不得不牺牲他的表弟

1917年,乔治把家族姓氏改为温莎,这一决定不仅意味着他的王朝要与英国民众站得更近,也意味着它要与欧洲先祖拉开距离。尽管这一举措成功掩饰了他与德国皇帝威廉二世的亲属关系,却给他的另一个大陆表亲带来了悲惨的结局。

1917年3月,俄国革命爆发,不久,形势变得明朗,沙皇尼古拉二世一家人的性命危在旦夕。急报传来,罗曼诺夫一家请求到英国避难。起初,英国政府表示同意,但乔治担心,与俄国独裁皇帝的任何瓜葛都有可能激发反对派像推翻沙皇那样推翻他的王朝,所以,他进行了干预。最终,退位沙皇的避难许可被撤回。1918年7月17日,他亲爱的表弟尼基(乔治总是这么称呼对方)与他的妻子和5个孩子在叶卡捷琳堡被杀。听到这一消息,乔治万分悲痛,赶紧尽其所能加以补救。军情一处(当时的英国情报机构)被迅速派了出去,打探幸存的罗曼诺夫家族成员。1919年4月,席卷整个俄国的内战达到白热化,乔治秘密派遣两艘王家战舰"马尔伯勒号"和"纳尔逊号",前去解救被围困的俄国皇室剩余成员。共有17位皇室成员获救,从克里米亚半岛上的黑海港口雅尔塔的避难所里逃了出来,其中包括皇太后,即沙皇的母亲,也就是乔治五世的姨妈,还有沙皇的妹妹,大公夫人齐妮亚。

两艘军舰把这些俄国皇室成员首先送到马耳他,继而送到英国。俄国皇太后在桑德灵厄姆与她的姐姐亚历山德拉王后待了一段时间,随后返回她的祖国丹麦。

与此同时,大公夫人齐妮亚在温莎庄园由乔治特批的一幢房子里一直住到1937年。之后,她搬到汉普顿宫所在地的另一处王室宅院住了下来,直到1960年去世。

▲ 战前,乔治与他"亲爱的尼基表弟"——俄国沙皇——关系亲密,两人长得惊人地相像

1910年5月6日，爱德华七世驾崩，结束了他短暂的统治，也预示着他的儿子将有更长的执政时间。1911年6月22日，乔治在威斯敏斯特大教堂加冕为王，史称乔治五世。当年晚些时候，他再次加冕为印度皇帝，在一个名曰"德里大会"（一种融合了蒙古、印度以及英国维多利亚时代和中世纪传统的奇特仪式）的仪式上，乔治不仅成为英国首位访问印度的当政君主，而且也是首位在印度民众面前加冕的至尊皇帝。这是一个相当壮观的场面，也是一项深谋远虑的政治举措。

1911年，英国在印度的统治已经越来越受到新兴阶级（高学历、西方化的印度人）的敌视。乔治这次史诗般的登基仪式意在打压那些人的政治主张和日益增长的独立呼声，同时大张旗鼓地宣示大英帝国统治的权力和辉煌。这确实取得了不错的效果，尽管是暂时的。

然而，在国内，旧秩序已经开始分崩离析。乔治的登基被一些进步政客视为推行改革的一个绝佳机会。1909年，自由党政府提出激进的《民众预算案》，计划向富人征税，为一个史无前例的福利改革项目提供资金支持，但被保守派控制的上议院否决。这位新任国王面临着巨大的压力，他需要册封足够多的自由党贵族，以确保预算得以通过。乔治是个顽固的保守派，但他意识到，如果他拒绝，很容易遭到指责，说他不民主。与欧洲同时代的其他君主不同，乔治清楚地看到，一位现代君王若要生存，他必须服务而不是裁决。于是他选择让步，放弃议政过程中最后一点儿王家实权。私底下，他其实非常恼火，但是，作为一个实用主义者，他明白，他的做法保证了王朝的存在——尽管，王朝更名的日子已经为期不远了。

1914年，第一次世界大战爆发。乔治的平民士兵与他的表弟威廉皇帝的陆军在西线的烂泥和污秽中展开搏杀，最终，70万英国人命丧黄泉。毫不奇怪的是，随着死亡数字的攀升，反德情绪也日渐高涨。在国内，大街上的德国腊肠犬

▲ 摄于1914—1916年间，乔治五世视察即将被派往法国西部前线的英国部队

乔治异乎寻常的求生本能又一次保证了他的王朝屹立不倒。

遭人横踹,德国店铺被人袭击,而生于德国的移民则会被投进收容营。1917年,当德国哥达飞机开始轰炸伦敦时,轮到了王室家庭承受这种情绪了。它仍保留着萨克森-科堡-哥达这一不祥的姓氏,所以很快成为反德狂潮的新焦点。

乔治的应对很简单:更改家族姓氏,去掉笨重的日耳曼式累赘,代之以本土化的温莎。这是标准的英语,借用的是伦敦城外那座传承了1000年之久的王家宅院的名字。此乃神来之笔,堪称历史上最伟大的品牌再造的创举。

不只是更改家族姓氏,他还通过不知疲倦的工作,让民众看到,他和他的家人都在积极参与保家卫国的事业。

在长达1564天的战争中,乔治进行过450多次军事视察,走访过300多家医院,亲自给参战人员颁发奖章多达5万块。战争期间,他还设置了至少7种新勋章,包括军事纪念章和优秀飞行员奖章等,这些勋章既反映出战争性质的变化,又给予低阶层人员特别的荣誉。除此之外,他还授权颁发了其他6种战斗奖章,其中,带有他头像的英国战争纪念章,曾颁发给650万人。

乔治的两个儿子都在武装部队中服役。他的二儿子伯蒂像父亲一样,也是一名海军军官。战争爆发后,伯蒂作为王家舰艇"科灵伍德号"上的炮塔指挥员,因为在日德兰海战中表现英勇而登上战斗简报。战争结束时,伯蒂被调到新建的王家空军。战争期间,大卫被派往法国。尽管他没有冲锋陷阵,但多次慰问战壕里的将士,战争结束后,他也因此赢得了退伍老兵的支持。

连归国的战俘(大约19万人)也没有被他忘之脑后,他们一被释放,就收到了国王的一封信。在印有白金汉宫题头的信纸上,是用石版印刷术复制的国王亲笔手书,规格如此之高,以至于很多人怀疑那是大批量印刷的。信的落款是乔治·RI——代表"王帝",即国王和皇帝。信中写道:"我偕王后欢迎你们归来。你们凭着非凡的坚忍和勇气,终于摆脱各自经受的痛苦与磨难。在这漫长的几个月里,我们每时每刻都牵肠挂肚,希望早日把我们勇敢的将士从残酷的囚禁中解救出来。我们很欣慰,这渴望已久的日子终于降临。回到祖国,你们很快就能重新享有家庭的幸福,与焦急等待的亲人们一起,共度美好时光。"

这封信,连同战争期间乔治的其他表现,不仅让我们看到他为了与臣民打成一片所付出的巨大心力,也是社会变化的风向标。对于上一代统治阶层的精英们来说,普通士兵不过是"炮灰"

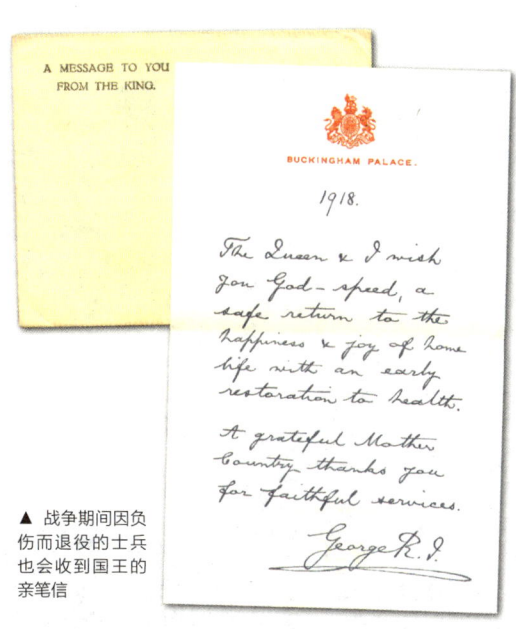

▲ 战争期间因负伤而退役的士兵也会收到国王的亲笔信

极致玩家

且看这位平凡的国王如何消遣

乔治五世一贯坚持外观形象的体面,这与其说是他个人的一种生活方式,不如说是为了确保君主政权的生存。同样,他的爱好和消遣也必须适可而止,丝毫不能授人以柄。最终,他选择了至少在当时是合情合法的两种爱好:集邮和打猎。然而,这两项爱好他都玩到了堪称极致的程度。

作为一位早期的集邮爱好者,乔治在1893年就当选伦敦王家集邮协会荣誉副主席,而在同一年晚些时候他结婚时,该协会赠送给他一本集邮册,内含邮票约1500枚。在这个基础上,乔治遍寻稀有邮票,不惜为之一掷千金,终于拥有了世界上最大的邮票收藏册之一。1905年,他以当时惊人的价格1450英镑买到一枚"毛里求斯"第二版蓝票。这笔投资不可谓不值当,现如今,这样一枚邮票起码价值约300万英镑。

乔治去世后,他的海量邮票藏品封装在328个(每个60页)专辑中,成为著名的《红色集邮册》。现在,这套王家邮品收藏册被视为世界上最精美的收藏之一,估价约在1亿英镑左右。

打猎是他的另一项嗜好,对此,他的痴迷程度简直不亚于集邮。他和他的客人们往往一连数小时泡在桑德灵厄姆庄园,猎捕那些养得肥嘟嘟的野鸡和松鸡。他在那里住了17年,据估计,起码有超过100万只飞禽命丧他们的枪下。

经他自己仔细清点,单在1899年的那个冬天,他就打下了12109只野鸡。实际上,乔治对这项活动如此钟爱,以至于在他的要求下,庄园里所有时钟全都保持比格林尼治标准时间快半个小时,从而最大限度保证他白天打猎的时光。

乔治的打猎范围并不局限于桑德灵厄姆。1911年,他出访印度参加德里大会时,也从繁忙的日程中抽空去猎捕当地的野生动物。到他离开时,他一共收获了39只老虎、8头犀牛和4头熊。

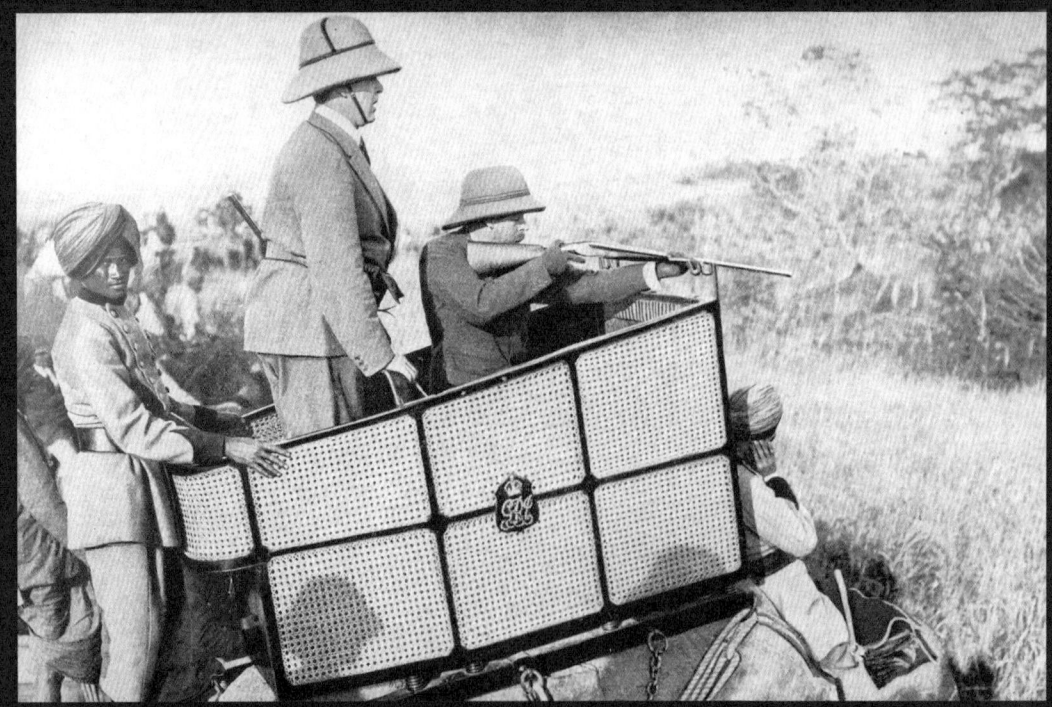

▲ 1911年,对印度的一次国事访问期间,乔治五世正在猎杀老虎。帝国时代,猎杀野生动物是可以接受的,也是合乎时尚的一项运动

而已,而到了乔治五世这里,他们的牺牲不再是默默无闻的了。

乔治异乎寻常的求生本能又一次保证了他的王朝屹立不倒。然而,他的表兄德国皇帝威廉二世却没这么幸运,最终流亡荷兰。与此同时,他的表弟俄国沙皇尼古拉二世的命运更为悲惨,1918年7月,他在一个地下室里被处决。

1918年11月战争结束时,一年前反对王室的风潮已经偃旗息鼓。大批民众来到白金汉宫,不是要掀起惊涛骇浪,而是要向他们认为象征国家胜利的这个人致敬。

在乔治五世余下的任期内,将他与他的臣民联系在一起的,是那场战争中的英勇事迹和无惧牺牲的精神。然而,战后的英国却令乔治感到困惑,毫不夸张地说,他迎来了一个全新的世界。

20世纪20年代,英国的极端思想和越轨行为泛滥成灾,乔治对此深恶痛绝。现代化似乎令他的每一根神经都感到不快。他的儿子大卫曾感伤地写道,他"不喜欢苏联,不喜欢染指甲,不喜欢女性当众吸烟,不喜欢鸡尾酒,不喜欢那些花里胡哨的帽子,不喜欢美国爵士乐,也不喜欢周末出门消遣"。实际上,年轻的亲王所接受的几乎每一样事物,他的父亲都一概反对。甚至,乔治对现代世界的不满逐渐在大儿子的公开行为中找到了发泄的出口。结果,父子之间的裂痕迅速扩大。大卫与他的弟弟伯蒂截然不同。1926年,伯蒂已经结婚,并且有了他的女儿,未来的女王伊丽莎白二世,乔治管她叫莉莉贝特,而这时的大卫却只顾吃喝玩乐,几乎睡遍上层社会所有的女人。

乔治反对儿子的生活方式,并非仅仅出于他严格的家教,像以往一样,其中也有一种务实的态度。他把自己视为温莎家族未来的守护者,不遗余力地树立起一个体面的形象,期待他的臣民能够为之仰视。他让一切事情都规规矩矩,井井有条,是为了重新定义王室家庭的角色,希望民众看到,他们不是统治者,而是值得拥戴的公仆。他担心,大卫会把这一切全都搞砸。20世纪20年代,是富有者堕落的时代,也是贫穷者造反的时代。1926年的大罢工证明英国不可能在政治革命的浪潮中独善其身。很多人已经开始叫嚣,君主立宪制既非国家之必需,也非国力所能负担得起,是一种累赘。

面对这种形势,乔治发动了他有生以来最大的一次公开反击。一时间,电影短片和报纸头版充斥了王室成员与工人阶级水乳交融、和谐相处的画面,场景包括展会上,工厂里,球赛中,应有尽有。这种阵势可是前所未有的。很快,一直魅力非凡的大卫就成为这场特别演出的明星,而他却对此并无兴趣。他厌烦了在公众面前装模作样,也越发憎恨这种令他嗤之以鼻的"亲王做派"。

乔治严重怀疑这个儿子是否适合继承他的王位,苦恼之中,乔治的身体状态也每况愈下。1928年,他患上了慢性支气管炎,虽然后来痊愈,但这场病却让他的身体垮掉了。他抽了一辈子烟,64岁时,他的身体就弱不禁风了。渐渐地,他开始关注他身后温莎王朝的命运。他开始琢磨:有什么方法能进一步巩固王室家庭与其他家庭之间的情感联系?这时,他的脑海里忽然浮现出几年前刚刚成立的BBC——英国广播公司。

1932年圣诞节,乔治五世做了一件史无前

他把自己视为温莎家族未来的守护者,不遗余力地树立起一个体面的形象,期待他的臣民能够为之仰视。

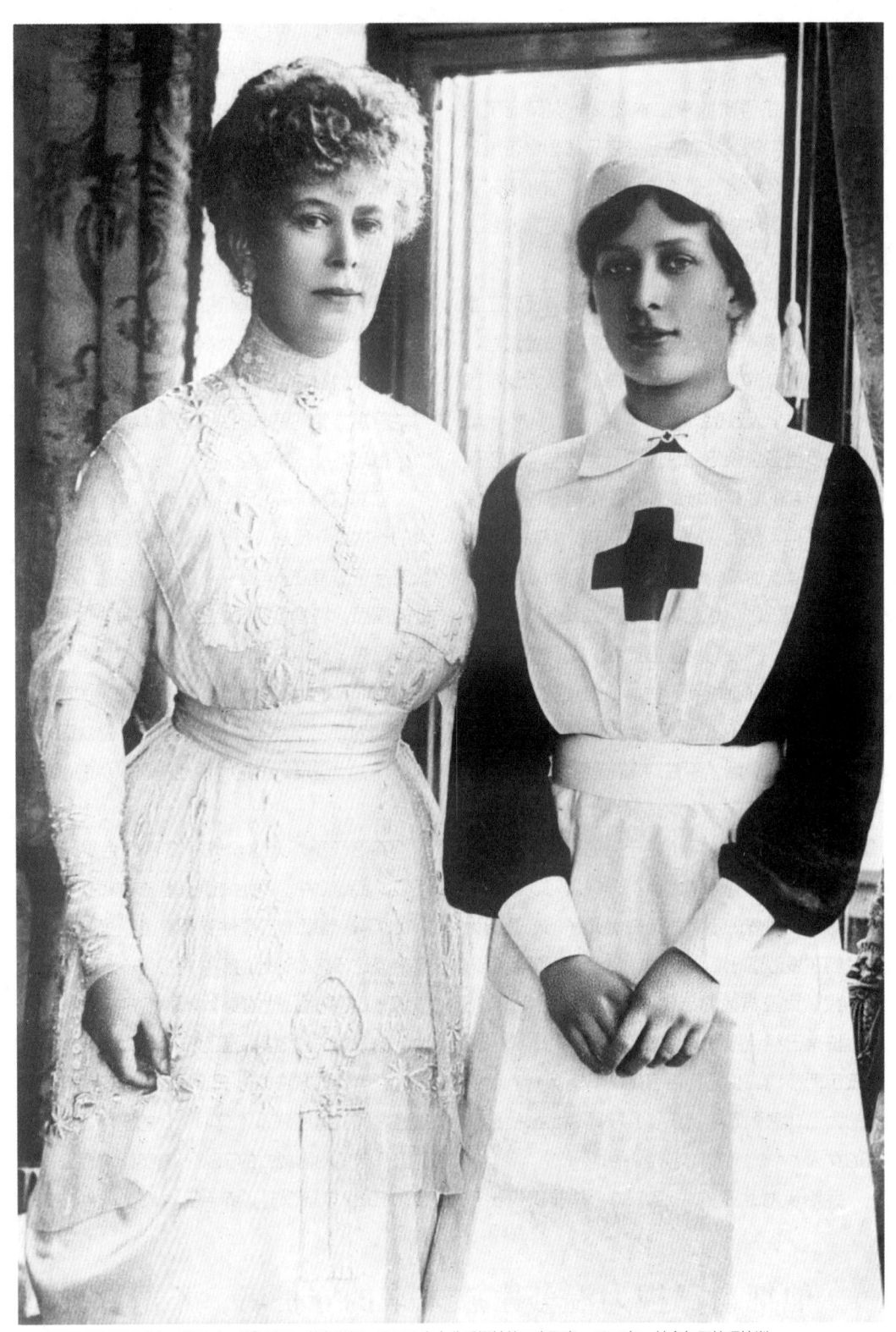

▲ 玛丽王后和玛丽公主，摄于"一战"时期。战争期间，玛丽公主十分重视她的王家职责，1918年，她参加了护理培训

▲ 乔治坐在桑德灵厄姆的一架麦克风前，准备向大英帝国发表他的1934年圣诞祝福讲话

他重新定义王室家庭的角色，希望民众看到，他们不是统治者，而是值得拥戴的公仆。

例的大事，国王向全国发表讲话，而民众在各自的家里就能听到！他对着BBC的麦克风，朗读了他的朋友拉迪亚德·吉卜林①为他写的一篇简短的发言稿，开创了王室发布圣诞广播讲话的先例。这又是一个公关的巨大胜利，在一年当中最值得庆祝的日子，一下子拉近了王室一家与万户千家之间的距离。

乔治毕其一生建立起的王室与英国民众之间的情感纽带，甚至比他想象的还要牢固。在他执政25周年银禧庆祝活动期间，5月里那个阳光灿烂的日子，他在乘车前往圣保罗大教堂的路上随意一瞥所见的场面，肯定让他看到了希望，至少，他已竭尽所能，保住了欧洲最后一个伟大的君主王朝。这位69岁的国王在稍后的广播讲话中告诉全国民众："今天，你们的忠诚和……厚爱，簇拥着我们，对此，我发自肺腑地感谢你们。我将继续躬身前行，为你们服务，直至我生命的终点。"

然而，岁月不饶人。没过几个月，他的支气管炎再次发作。随着大限邻近，他已无力左右未来，只能求告于上苍。

据说，他曾向一位侍臣吐露心声："我祈求上帝，但愿我的大儿子永远不要结婚生子，但愿伯蒂和莉莉贝特顺利继承王位。"

---

① 吉卜林是生于印度的英国作家，《吉姆》《丛林故事》的作者。——译者注

神秘的王子

约翰王子（乔治五世和玛丽王后之子）早逝，遗憾地退出历史舞台，但在生前，他却是温莎王室的一颗稀世珍宝。

文／琼·伍勒顿

1919年1月20日，星期一，报童带来了出人意料的消息。当日的报纸头条宣告了13岁的约翰王子（国王乔治五世和王后玛丽最小的儿子）的死讯。一个面带微笑的男孩，身穿水兵制服，从他一连串的生活照片中望着读者，旁边配有简短而正式的讣告。如果说他的离世让人始料未及，那么接下来看到的则更加令人震惊。报纸披露，小约翰死于癫痫，并证实，在他短暂的一生中，病症一直频频发作。这是王室家庭首次公开承认他的病情。

《每日镜报》写道，"每个人都会对国王和王后深表同情"；但是，在随后的岁月里，每当提到约翰，人们对乔治五世和玛丽却鲜有同情。他们受到指责：不该为了避免因癫痫发作造成难堪而把孩子东披西藏。历史书上，约翰也被说成是一个"不幸的秘密"，是温莎王室缺乏关爱的一个例证。

在生命中的最后几年，约翰被送到桑德灵厄姆庄园里的伍德农场，与他的保姆拉拉·比尔住在一起，这一决定最为人们所诟病。流行的说法是，随着约翰癫痫发作越来越严重，也越来越频繁，他跟他的家人之间联系也越来越少。可以肯定的是，他不再公开露面，而且，1919年1月18日，当他死于伍德农场时，他的身边一个家人也没有，他们只是在电话中得知了他的去世。批评者以此为证，说乔治和玛丽不愿照顾约翰，也不希望引来负面舆论，因此不承认他们的孩子患有癫痫病，可能还有孤独症。但是，玛丽曾在约翰去世之后不久记过一则日记，它所揭示的远比流行的说法更合乎人性。她写道："真的非常想念那个亲爱的孩子。"

其实，约翰一直是他们生活的一个重要部分，他们为他最后那几年所做的安排，公平地讲，可以视作努力给他提供最有效的治疗，毕竟当时癫痫尚无任何有效的治疗方法。他们远非像传说的那样为约翰感到羞耻，实际上，乔治和玛

▼ 约翰王子，摄于1913年

> **接受父亲训练时，他的哥哥姐姐全都神情紧张，他却自始至终面带微笑。**

丽一直深爱着他们的儿子，并尽可能多花时间陪在他的身旁。

　　民众对约翰的喜爱是可以理解的。他长相迷人，心地善良，敢于打破常规。最后那几年，伍德农场里有些跟他一起玩耍的孩子，他们给他的评价是：风趣、友好、体谅他人。一位约翰儿时的朋友埃尔茜·霍林斯沃思回忆说，他喜欢音乐，他总爱跟她坐在一起，听她母亲留声机上播放的唱片。她还记得，乔治五世和玛丽王后经常来伍德农场。她的父亲在桑德灵厄姆庄园工作，时不时在晚上告诉他的女儿说，他当天有一项工作是开车送约翰王子去见他的父母和他的祖母，年迈的亚历山德拉王后。根据认识小王子的那些人的回忆，坊间流行的所谓被弃王子渴望家庭温暖之类的说法是根本站不住脚的。

　　毫无疑问，约翰出生于一个不寻常的家庭。他的父母是一对奇特的夫妻，结婚伊始彼此生分，随着日久天长却变得恩爱有加。玛丽最初的订婚对象是乔治的哥哥艾伯特·维克多，第二顺位王位继承人。艾伯特死后，乔治取代哥哥的继承人位置，也取代他走入婚姻的祭坛殿堂。1893年，他与玛丽结婚，作为约克公爵和公爵夫人，他们很快建立起一个大家庭。1894年，未来的爱德华八世大张旗鼓地降临人世；紧接着，1895年，艾伯特（后来的乔治六世）出生；1897年，他们唯一的女儿玛丽诞生；1900年和1902年，又有两个儿子——亨利和乔治——相继来到人世。玛丽给她的丈夫生了这么多男孩，美得乔治甚至有一次开玩笑说："这哪是一个家庭，简直快要成为一个军团了。"的确，孩子们的生活受到严格管束。他们的父母，不管乔治还是玛丽，对孩子都是高标准、严要求。乔治训练他的孩子们像士兵一样遵守纪律。据报道，他曾说过，他害怕他的父亲，所以他一定要让他自己的孩子也害怕他。玛丽甚至在她的儿女们很小的时候就常常给他们读莎士比亚的剧本和诗歌。她与他们亲密相处的时间主要是每天晚上，保姆会把孩子们领到她的房间里待一个小时。桑德灵厄姆约克别墅的家，完全是一个循规蹈矩的地方。

　　约翰·查尔斯·弗朗西斯，1905年7月12日出生于约克别墅，是他们最后一个孩子。在他降生的时候，他的父母已经是威尔士亲王和王妃，所以，约翰降临的消息被隆重地报告天下。作为第六顺位继承人，约翰排在他的父亲和四个哥哥之后。1905年8月3日，当他接受洗礼时，他的教父教母阵容可谓十分强大，其中包括葡萄牙国王卡洛斯一世和即将成为挪威国王的丹麦王子卡尔。约翰的祖父母爱德华七世和亚历山德拉，看到又一个宠儿（亚历山德拉王后把威尔士亲王家的孩子称为"乔治的宠物"）的降临，感到非常开心。而这位有着一双摄人心魄的蓝眼睛、总是笑容灿烂的小王子，果然不负众望，很快就跟他的哥哥姐姐们一起，出现在王室成员的明信片上，成为家庭公关工作组中重要的一分子。

　　约翰长了一头金发和一张圆脸，看起来是一个健康、快乐的孩子，但是因为难产，他从出生时就患有呼吸疾病。随着他的身体渐渐康复，他的父母希望他步哥哥姐姐们的后尘，秉承约克别墅王室子女一贯坚持的军事化生活方式。而约翰似乎压根儿无意于此，甚至打小就不想受那些条条框框的约束。

尽管他的癫痫尚无任何迹象，但他精力过剩而又肆无忌惮的行为已经开始惹人蹙眉。随后几年，约翰时有某种孤独症的表现，他不能完全理解人与人之间的情感交流，所以他的反应往往与常人大相径庭。有一个插曲广为人知：打猎归来后，乔治亲吻玛丽，但事后有人听见约翰说："她亲吻爸爸，那个丑八怪老头！"随着他一天天长大，威尔士家的老幺也日渐出名，他总爱搞怪，甚至会把胶水抹在门把手上。父亲的严厉训斥在约翰听来犹如耳旁风，他依然我行我素。接受父亲训练时，他的哥哥姐姐全都神情紧张，他却自始至终面带微笑。美国总统西奥多·罗斯福曾描述过他在白金汉宫的一次午宴。当时，大人们吃完饭，约翰和其他几个王室子女走了进来，乔治向他的小儿子打招呼，而约翰嘴上嘟哝了一句，手上却只顾忙他自己的事。据罗斯福回忆，乔治几乎有些得意地预言道，约翰这小子，以后也会跟他作对。然而，即使约翰的行为令人担忧，也远远达不到要把这位小王子藏着掖着的程度。

约翰的行为很容易让人联想到他幼年时期的经历。这个小王子出生之时，正赶上乔治和玛丽必须承担更多王室职责之际。约翰仅三个月大时，他们就远赴印度访问，离开家长达半年多之久。一回国，他们就马不停蹄赶往马德里，协调乔治的表妹维多利亚·欧亨尼娅与西班牙国王阿方索十三世之间那场命运多舛的婚姻。之后不

▼ 桑德灵厄姆庄园的约克别墅是约翰早年的家

"姆妈，我爱你"

拉拉·比尔，这位忠诚的保姆永远不会忘记约翰王子

随着约翰王子的去世，夏洛特·"拉拉"·比尔的王室工作也画上了句号，而这份工作在他出生之前她已经做了近十年。刚来时，作为一名护士，她负责照顾约克公爵和公爵夫人家的几位新生成员，很快就崭露头角。当看到一位高级保姆以冷酷无情的方式对待那些孩子时，她感到十分惊恐，于是不顾等级界限，提出抗议。那个女人被打发走了，而夏洛特则最终成为护士长。王室一家对她的信任有目共睹。在维多利亚女王所拍的最后几张与她的家人合照中，有一张显示，她正稳稳地抱着新生的小曾孙，当时，夏洛特就藏在君主身后，撑起她的手臂。

王室的几个孩子都亲昵地称她"拉拉"，而她总能在严格与慈爱之间找到平衡。他们与她相处的时间如此之多，连伊舍勋爵也注意到，大王子（未来的爱德华八世）开始带有一点儿她的伦敦腔了。或许，正是拉拉最先意识到，几个大孩子慢慢走向独立，而约翰，随着年龄的增长和抽搐的加重，他需要的关注只会更多，不会更少。

他的父母在伍德农场为他建起一个新家，拉拉便毫无二话地陪着约翰王子一起住到那里。每天，两个人都彼此相伴。虽然是玛丽王后给约翰找来了当地的小伙伴，却是拉拉指导他们做游戏，陪他们一起玩耍。当约翰在剧烈的抽搐中去世时，只有拉拉陪在他的身旁。玛丽王后说，他的死，令这位保姆"伤心欲绝"。

拉拉·比尔一生未婚，也没有自己的子女，但是她和几个王室孩子之间的情感纽带从未断过。她始终把约翰幼童时期的一张大幅照片放在她的壁炉架上。1964年，拉拉去世，享年89岁。她的遗物中有一张字条，上面是大大的、孩子气的潦草笔迹，写着："姆妈，我爱你——约翰尼。"

▲ 拉拉·比尔和约翰王子形影不离

久，他们又奔向奥斯陆，出席约翰的教父——挪威国王哈康七世——的登基大典。

儿子一岁之前，他们仅有四个月时间跟他待在国内。他们身上繁重的王室义务，一直贯穿约翰出生后的最初几年。如果说他对他们的反抗更甚于别的孩子，那么原因也许就是缺少了必要的亲情关爱，尤其是在他可能患有孤独症的情况下。但是，未等到1910年乔治登基，约翰的身体状况已经十分堪忧。

四岁时，小王子第一次癫痫发作。当时，对于这种病状，医学上认识有限。现在，我们知道，癫痫与大脑内部的神经元活动有关，但是，在约翰的病情第一次发作时，"神经元"这个词（形成于19世纪90年代）尚鲜有人知。癫痫自公元前4000年左右起一直有所记载，但是对于它的治疗当时仍处于起步阶段。几十年的实践都是用溴化物抑制痉挛，而第一种现代药物鲁米那（苯巴比妥）直到1912年才研发出来。通常的情况是，癫痫病患者被投进精神病院，遭遇许多侮辱和嘲笑。然而，乔治和玛丽要让这位小王子尽可能融入他们的公众生活，远没想到要把他们的儿子藏起来。

1910年5月6日，爱德华七世驾崩，乔治五世继任。随着精通公关的乔治登基执政，君主王朝的新时代开始了，约翰也像他的哥哥姐姐一样，在新的王室家庭中发挥着积极作用。小小年纪的他也被带到伦敦马尔伯勒府外为他的祖父送葬。其实，即使小王子缺席葬礼，谁也不会抬一下眼皮表示惊诧，但是他的父母还是坚持要他参加。这段时间，他的癫痫症状已经很明显，但乔治和玛丽依然把他带来参加近期最重大的一场公务活动，让他出现在成千上万赶来吊唁爱德华七

▲ 特克的玛丽与她的孩子们在阿伯丁郡的亚伯格尔代城堡

国王口中的"小畜生"

未来的爱德华八世对他的小兄弟出言不逊,令人忿忿不平

约翰跟与他年龄相近的两个哥哥关系亲密,但是跟他的大哥爱德华却很疏远。现存的两封信显示,未来的爱德华八世说起约翰总是难表亲切。爱德华的一封信在他们两人去世多年以后被曝光时,更是惹来一片声讨。

这封颇有争议的信是在约翰去世两天后写的,收信人是爱德华的情妇弗雷达·达德利·沃德。在信中,爱德华谈及他弟弟的死,是"可以想象到的最好的一种解脱,或者说,是我们大家全都默默祈盼的一种结果"。但是,在这封长达六页的信中,他又写道:"另外三个兄弟中哪一个先我而去都会令我无比心碎,但是这个可怜的小家伙已经变得简直更像一只畜生,只剩一具肉体,别无其他。"

这样的用词,即使让有心为他辩护的人听起来也觉得刺耳。不过,兄弟之间情感有限,这是毫无疑问的。爱德华比约翰大11岁,两人相处的时间少之又少。1907年,约翰两岁时,爱德华就离开家门入读海军学院,先在奥斯陆,后到达特茅斯。此后,两兄弟再也没在同一屋檐下待过。

在另一封信中,他向他的母亲承认,他跟约翰关系不亲近。他写道:"没有谁比您更了解,我对可怜的小约翰尼几乎没什么印象,我基本上不认识他。"在这封信之前,稍早还有一封不知所踪的信,其中他貌似用了更为冷漠的语言向玛丽王后讲到约翰王子。尽管那封信的细节不为人知,但爱德华自己承认:"写下那些话,我感觉自己简直就是一只冷血动物,一头毫无人情味儿的猪。"爱德华一直被视为麻烦不断、自私自利之人,所以,他对约翰的那种态度也不足为怪。

▲ 威尔士亲王,摄于1919年,约翰王子去世的那年

乔治和玛丽要让这位小王子尽可能融入他们的公众生活。

世的众人面前。约翰之所以能像他的哥哥姐姐一样出席这场葬礼,也许就是因为他的父母比任何人都更清楚他的病情。

尤其是乔治五世,他已经对癫痫病有所了解。他的叔叔——维多利亚女王的小儿子利奥波德——除了患血友病,也曾癫痫发作。乔治亲眼看到这位叔叔在31岁去世之前过着充实而积极的生活。利奥波德去世之后,他的遗孀一直不遗余力地为伦敦癫痫和瘫痪医院募集善款。乔治五世后来成为全国癫痫病患者就业协会的主席,这一协会在1892年成立,致力于帮助患有此类病症的人找到工作。该协会在全国各地建起许多农场,人称"定居点",癫痫病患者可以在那里一起生活和工作,这是一项既大胆又颇具前瞻性的创举。亲历儿子癫痫发作,是乔治和玛丽的锥心之痛,但或许正是因为这份痛,他们比任何人都更坚强地接受了这一切。

即使在他父亲执政初期的那几年约翰过得很孤单,那也是情非得已之事。他的父母有更多王家职责不得不去履行。1911年,他们再次奔赴印度,在那里接受皇帝和皇后的加冕。约翰的两位大哥哥比他年长十来岁,在他第一次癫痫发作之前,他们都已上了海军学院。与他年龄接近的两个哥哥亨利和乔治,都很愿意跟他一起玩。与此同时,他还有另外一个玩伴,他的表哥,挪威王储奥拉夫,时不时前来做客。但是后来,亨利和乔治也被送去肯特郡的圣彼得宫上学。过了不久,便有公开消息传出,暗示约翰的生活即将有变。

之前有人声称,小王子要去圣彼得宫上学,

▲ 身着黑色条纹外衣,头戴插着羽毛的帽子的约翰王子,摄于他早年的一次购物途中

但《泰晤士报》的一则报道驳斥了这一说法。没有人解释原因是什么,不过当时,约翰的癫痫发作已经越来越频繁,不过也有人怀疑是因为他学习非常吃力。后来跟他在伍德农场一起玩的一个孩子威妮弗雷德·托马斯与他互换过相片,相片上他的签名显示,虽然已近少年,约翰的字体仍是大大的,充满小孩子气。约翰11岁时,他的老师被辞退了,此后他的教育便由拉拉·比尔全权负责。随着"一战"的白热化,约翰被送到伍德农场,她也成了他主要的同伴和看护人。

乔治和玛丽决定把约翰送到伍德农场,这一决定经常被视为一条关键证据,证明他们对孩子冷漠无情,证明他们有意要把他藏在暗处。但当时的情况是,业内顶级专家针对癫痫病所提倡的理想疗法,就是要让患者呼吸新鲜空气,保持心情平静,处于放松状态。所以,两位王室家长才不惜动用他们的影响力和财力,按照医生的指导,给孩子提供最好的治疗。在伍德农场,约翰度过了一段快乐而无忧无虑的生活。拉拉·比尔满足他的一切需求,使他每天都能自由玩耍,尽情嬉戏。乔治和玛丽为约翰找到一个新家,让他过上了幸福而舒适的生活。他的身边不仅有他最爱的玩具和各种私人物品,而且他的母亲还打破当时的社会藩篱,给他找来了朋友。她约见当地的小孩和庄园工人的家人,为约翰挑选了许多小伙伴。

亚历山德拉王后在桑德灵厄姆开辟了一处特殊的花园,约翰经常来到这里,两人一起侍弄花草。乔治和玛丽也经常过来看望他,1918年,与他们一起过了圣诞,约翰才返回伍德农场。他的病情显然让父母放心不下,但是,1919年1月18日下午,当拉拉·比尔打电话说,他在一次剧烈抽搐之后,再也没醒过来时,还是给了他们当头一棒!

玛丽在日记中写道,"可怜的小约翰尼突然离我们而去了",后来,她又写信给一位朋友说:"随着年龄的增长,他的病情也愈加严重……这一走,免去他的许多痛苦了。"之后不久,约翰的葬礼在圣抹大拉的马利亚教堂举行,由此可见他在家庭中的特殊地位。他的父母之所以给他取这个名字,是为了纪念乔治最小的兄弟,亚历山大·约翰(1871年出生,仅活了一天)。现在,他们把他安放在这位素昧平生的叔叔身旁。亚历山德拉王后写信给玛丽王后说,"两个亲爱的小约翰尼肩并肩躺在一起了"。

多年后,有人高声叫嚣,振振有词地批评乔治和玛丽说,因为约翰的癫痫病,他们心中有愧,所以就假装他不再存在。1935年,在庆祝他们执政25周年的官方活动中,他的名字没有被提及,后来的一份温莎家谱中也完全没有他的介绍。不过,那份家谱里也没把亚历山大·约翰包括在内。实际上,有证据表明:约翰从来都是乔治和玛丽家庭生活中不可分割的一部分,他被赋予的那种生活方式,也是当时认为对癫痫患者的良好照顾。作为父母,他们很可能担心,如果他的病情广为人知,社会的歧视也许会给他们的儿子带来冲击。但是,在当时没有任何切实有效的抑制类药物的情况下,约翰的癫痫发作令他痛苦难当,显然也更需要广泛的关爱。显而易见,他的家人爱他,看重他,希望他平平安安,他们对约翰的爱也令许多人感同身受。在他的葬礼上,前来参加的人如此之多,甚至站到了教堂之外,他的墓穴上面覆盖了厚厚的一层鲜花。约翰从未被藏于幕后,他一直是桑德灵厄姆的王室生活中非常重要的一部分。人人都想送这位王子最后一程,如同送别他们自己的孩子。

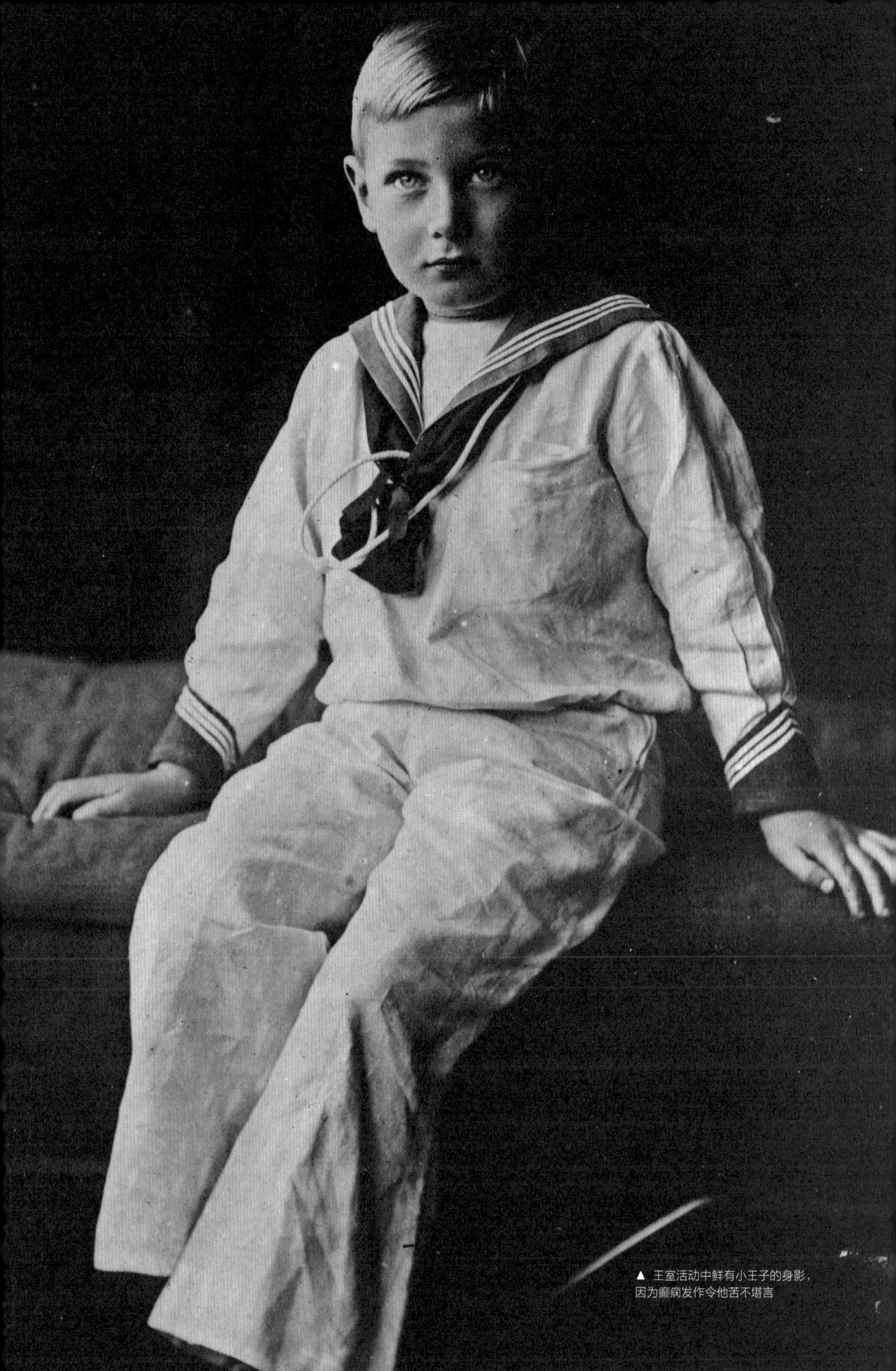

▲ 王室活动中鲜有小王子的身影,因为癫痫发作令他苦不堪言

▲ 1921年,威尔士亲王和路易斯·蒙巴顿勋爵推着一辆独轮车取乐

令人绝望的继承人

丑闻不断的威尔士亲王爱德华令他的父亲
乔治五世对温莎王朝的未来感到担忧。

文 / 琼·伍勒顿

"我死后,不出12个月这小子就会把自己毁了。"乔治五世对他的继承人爱德华继位以后的情形做出了惊人准确的预言,这位国王曾经不止一次表示,他的长子对待王室义务的态度越来越令他担忧。离他去世还有好几年的时候,他就对他的二儿子约克公爵艾伯特说,他认为爱德华不仅绝不会接受王位,而且还会放弃一切职责。可见乔治对这位继承人的失望由来已久,后来的发展果然不出他所料。

事情一开始完全不是这样。长子的出生曾让乔治非常欣喜,但他教育孩子的方式却对爱德华产生了经久不灭的影响。回想起约克别墅的那个家庭,无论是在受到严加管制的日子,他和弟弟妹妹们必须完成训练,接受检查,还是后来下达飞扬跋扈的指令时,乔治都是一手遮天。这些都在爱德华身上种下了怨恨。多年后,他在日记中表示,当国王乔治五世向他面露和善时,他甚至感到惊讶。然而,对于父亲的希望,他却表现得极为尊重。乔治继位不到一年,爱德华就同意结束海军生涯,在国王的安排下接受更广泛的教育。而且,尽管有些勉强,他也参加了授职仪式,接受了他的威尔士亲王头衔。显然,这件事情对他的父亲触动很大,正如玛丽王后私下透露的那样,国王觉得整个过程相当感人。

面临乔治五世统治时期的第一次重大危机,儿子的表现在父亲看来也是可圈可点。大战爆发,爱德华积极请缨要上前线,但很快就因过于冒险而被排除在外。他被安置在第一军团总部,

随着战争结束,威尔士亲王的风流韵事也令他的父亲十分头疼。

时钟之战

国王和继承人之间不同的人生态度从他们各自对待家族传统的方式上可见一斑

爱德华八世执政伊始所发布的命令中,有一项纯粹是意气用事之下的一点儿小小的报复。乔治五世一如之前他的父亲,在他的诺福克家中也一直沿用桑德灵厄姆时间。所有的时钟都被拨得比格林尼治时间快半个小时。但是,就在乔治逝世于桑德灵厄姆仅仅几分钟后,他的儿子就愤然要求全都拨回去。爱德华一直讨厌陈规陋习,这也是父子之间冲突不断的另一根源。乔治五世一丝不苟地坚持传统,严守时间,所以桑德灵厄姆时间对他非常重要。其实这一想法源自乔治的父亲爱德华七世,他用这种方式让冬季的白昼拉长,从而保证他更尽兴地打猎。后来,巴尔莫勒尔和温莎也都采用了这一时制。乔治尸骨未寒,爱德华就急急调整时钟,在接近王室的圈子中立时炸开了锅。海伦·哈丁(乔治的助理私人秘书的妻子)认为此举"宵小之辈亦不齿也",而弗吉尼亚·伍尔夫则说,这是一个不幸之子的直接报复行为。然而,爱德华的家人们压根儿没把这当一回事,甚至,在他短暂的统治结束之后,谁也没主张再把时钟调回桑德灵厄姆时间。

▲ 爱德华游泳的照片惹怒了国王乔治五世,他说"简直就跟裸照似的"

▲ 乔治五世在桑德灵厄姆,那里的时钟一直跑得快些

定期向国内发回战斗简报,乔治五世正是依靠儿子的内部信息,及时了解某些将军的动态。这位骄傲的父亲欣喜地看到,他的继承人亲临距离战场最近的地方,为自己赢得了前线战士和后方老兵的一致尊重。不管两人有多少分歧,在这一点上,亲王和国王之间的关系还算过得去。

不过,战争期间身处欧洲的这段时光,也开启了爱德华的另一番生活,使他与父亲之间的冲突几乎成为家常便饭。1916年,侍卫们给他召来一个妓女,要为亲王破处。不久之后,爱德华在他的日记中吐露了心声:这时,他的脑子里除了女人没有别的。大概就在这段时间,他与玛格丽特·阿利贝尔(绰号玛姬)过从甚密。此女后来嫁人,结果却在法庭受审,被控谋杀亲夫。多年后,有传言说,她之所以被无罪释放,是因为她借着与爱德华之间的关系对王室家庭实施了敲诈勒索。但即使撇开那个不谈,随着战争结束,威尔士亲王的风流韵事也令他的父亲十分头疼。

▲ 1921年，在桑德赫斯特学院，照片中的爱德华正在为托特纳姆热刺队和富勒姆队之间的一场足球赛开球

乔治品性端正，严于律己，他清醒地意识到，王室家庭必须保证无可指责。他相信，温莎王朝的未来传承，取决于一个洁身自好、心系家庭的人格形象。然而，不久他便看出，他的儿子最感兴趣的不是结婚生子，而是与那些有夫之妇们鬼混。私下里，这位虔诚的国王深感不安。爱德华身背奸夫之名，必将大大有损于王室家庭的形象，更何况有朝一日，他还要成为英国教会的领袖！

爱德华可不管这些。1917年，他喜欢上了西比尔·卡多根女士，这位人称波西亚的女子，被认为与他很般配。但同时，他却跟玛丽昂·寇克打得火热，这位大他12岁的有夫之妇，拿捏得恰到好处，既与他保持着若即若离的浪漫关系，又让他逮不着得寸进尺的机会。可惜，波西亚与别人订了婚，但更糟糕的还在后头呢。就在爱德华撇开玛丽昂，乔治稍缓了一口气之际，国王惊恐地看到，另一位有夫之妇又杀上门来。这一次，爱德华更是爱得五迷三道，无法自拔。

战争刚一结束，弗雷达·达德利·沃德女士就在有意无意间，一头撞进王储的视野。两人关系火速升温，直教爱德华爱得如痴如醉，很快就发展到每天都要给她写三四封信。与玛丽昂·寇克不同，弗雷达一刻也不想让威尔士亲王离开她的香闺，二人的风流韵事迅速传遍伦敦西区。爱德华私底下讲，他感觉好像已经娶了她一样。乔治也逐渐看明白了，他的儿子根本不打算找一位威尔士王妃。仿佛与一位有夫之妇堂而皇之地姘居尚不足以令国王担忧似的，只要弗雷达对他稍有冷落，爱德华就会立马游走于其他情人的怀抱。

其中，最正式的情人当数特尔玛·弗内斯（Thelma Furness）。1926年，她与亲王相遇，1930年，二人在非洲共度了一段甜蜜假期。他们在他贝尔韦代雷要塞的家中享受长长的周末时光，而与此同时，弗雷达仍在翘首以待。爱德华一边对他的情人们左右逢迎，一边还在随心所欲地拈花惹草，特别是他海外巡访期间那些毫无廉耻的打情骂俏，更令国王和他的大臣们头痛不已。他们都对亲王安家之事不抱任何希望了。乔治开始传出话来，他希望有一天，王位会传给他的二儿子，约克公爵艾伯特，最终由他传给他的女儿伊丽莎白。这时，1931年，经特尔玛介绍，爱德华认识了她的朋友，沃利斯·辛普森（Wallis Simpson），1934年，此女正式成为他的情人，过了不久，她就击败所有的竞争对手。她不仅让她当时的第二任丈夫死心塌地，对她俯首帖耳，也令威尔士亲王似乎比以往任何时候都更深地堕入情网。

当爱德华把沃利斯领进白金汉宫时，国王再也无法忍受了。他告诉亲王家的总管哈尔西上将说，爱德华的斑斑劣迹在给王室每个人都带来痛苦之前，首先会"毁了君主制度和大英帝国"。他对哈尔西说，他总是身体力行，"为民众引领一条诚实而又正当的道路"，而爱德华却要让他永远失望了。在乔治看来，国王的责任中包含了个人牺牲的元素，但是，从爱德华轰轰烈烈的爱情来看，显然他压根儿也不打算把理性置于情感之前。

父子之间在其他方面的针锋相对，也让乔治怀疑，爱德华是否会真的严肃对待他与生俱来的责任。过了25岁，有关威尔士亲王在伦敦夜

当爱德华把沃利斯领进白金汉宫时，国王再也无法忍受了。

▲ 1930年，爱德华在一次轮船下水仪式上。他显得越来越不情愿参加此类王家公务活动，惹得他的父亲大为恼火

随着一个又一个丑闻成为过去，爱德华似乎越发相信，他是无可撼动的。

总会享乐的各种报道越发铺天盖地。他与"水果味的"梅特卡夫之间的友谊也令人担心，因为有人看见他鼓动亲王喝酒、逛夜店。1927年爱德华出访加拿大时，根据他的私人秘书艾伦·拉塞尔斯的描述，亲王一直"肆无忌惮地追求美酒和女人"。即使职责在身，他对聚会的执着也时时占据上风。有一次出访东非，在一个官方鸡尾酒会上，他早早离开，沿着排水管道爬了下去。结果，他跑到穆海咖（Muthaiga）俱乐部，跟一个已婚女子在地板上滚作一团。

多年后，艾伦·拉塞尔斯为爱德华辩护说，他在青春期的某个阶段心理发育停滞，所以他当然无法与别人共情，这也是他的家人多年来的一块心病。1919年，当他最小的兄弟约翰王子天折时，爱德华几乎毫无悲伤，在一封写给他母亲（玛丽王后）的信中出言不逊，不过之后他又很快写信表示了歉意。

不仅爱德华的私生活让乔治五世对王朝的

未来捏着把汗,他的从政之道也同样令国王放不下心来。虽然关起门来,乔治也有他自己的许多看法,但是公开场合,他会虚心听取大臣们的意见,给出建议,最后由政府裁决。

而威尔士亲王呢,各种迹象都显示,爱德华更愿意逞强斗勇。1926年大罢工时,乔治公开呼吁有关各方友好协商,可他的继承人倒好,派他的司机出去散发丘吉尔的《英国公报》,报上口气坚决地反对工人罢工。

国际事务上,他也采取同样的态度,毫不掩饰他对某些法西斯政体在欧洲掌权的羡慕。他认为,希特勒的第三帝国是西欧和苏联之间的一道屏障,同时辩护说,德国确实有必要反击《凡尔赛和约》中的条款,因为那些条款给它的经济带来了重创。他毫不在乎别人是否赞同他的观点。

有一次,他向英国军队发表讲话,支持与德国发展友谊,惹得乔治五世大为恼火。而爱德华却认为,他有权利(即使不算是义务)讲出他的观点,也有权利尽可能将其付诸实践。

两人之间其他的分歧多是鸡毛蒜皮的小事。国王乔治在着装方面特别讲究细节,总是按照宫廷的严格规定打扮得一丝不苟;他的儿子则更愿意追求时尚。有一次,爱德华穿了一件夹克,颜色太淡,与他身上的格子呢不搭配,遭到父亲一顿训斥。还有一回,爱德华坚持把衣领翻下来,惹得他父亲大叫道:"没见过比这更丑的了!"在乔治看来,方方面面都坚持传统,有助于巩固君主政权,而爱德华最大的弱点就是他看不到这一层。

爱德华希望尝试那些危险而刺激的运动,乔

▲ 爱德华没有参加他妹妹玛丽的婚礼,但他很高兴看到她终于有机会挣脱父母的束缚

▲ 爱德华和他的情妇特尔玛（弗内斯女士）一起观看午夜演出，同行的有爱德华的弟弟乔治和乔治的未婚妻玛丽娜

▼ 乔治五世在给他的继承人授予威尔士亲王头衔的当天，看起来完全是一位骄傲的父亲，但是私底下两人已经剑拔弩张

治看在眼里，也经常为此大发雷霆。又是在梅特卡夫的鼓动下，爱德华爱上了点对点赛马，这就跟他迷上开飞机一样，令他的父母大伤脑筋，又无可奈何。乔治三番五次恳求他的儿子放弃那些冒险的消遣活动，而固执的爱德华却将父亲的苦口婆心都当作耳旁风。这又一次向国王表明（其实早已昭然若揭）：为了达成心愿，他的儿子什么都不会顾及！

但是，火上浇油极有可能造成更加无法收拾的局面。据艾伦·拉塞尔斯揭秘，甚至在他父亲去世之前，爱德华很可能就一直想要放弃他的王位继承权。拉塞尔斯写道，爱德华曾跟好几个朋友讲过，他打算放弃继承人之位，这样他就可以迎娶辛普森夫人。他还透露，爱德华八世退位后，乔治六世说过，他的哥哥不止一次提到，他根本不打算登基为王。乔治五世很有可能也意识到，是他的继承人不愿意承担这份大任，才搞得两个人之间如此剑拔弩张。

在国王生命中的最后一年，两人因丑闻而产生的紧张关系终于化解了。爱德华与辛普森的爱情突破了王室的条条框框，甚至上半年，亲王还公然带着她在澳大利亚和意大利度过了一段甜蜜假期。她在贝尔韦代雷要塞也有了专属房间。爱德华参加了当年乔治国王和玛丽王后在位25周年的一些庆祝活动，所以，表面上，温莎王室仍是一个整体。威尔士亲王还跟乔治一起出席了王家阅兵式。

然而，暗地里，爱德华与沃利斯的恋情却搅得他的家人一刻也不得安宁。国王严禁她入宫，直到爱德华当着父亲的面保证说，两人并非情人关系。尽管儿子做出了这一小小的示好之举，但还是有人听见乔治说，他的继承人宣布放弃继承权也许才是最好的出路。有人发现国王更多的时候是与严守本分的约克公爵和公爵夫人在一起，

▲ 1920年前后，爱德华和路易斯·蒙巴顿在王家舰艇"荣誉号"上的帆布游泳池里

他们那种朴素、单纯、家庭至上的生活，看似更合乎乔治自己对王权的认识。到了年终岁尾，爱德华带着沃利斯·辛普森大摇大摆地出现在派对上，而与此同时，他的家人们则在桑德灵厄姆欢庆新年的到来。

1928年，亲王与拉塞尔斯出访海外时，因国王病危，他们被紧急召回。当时，爱德华对他的助手说，他是王位继承人的"错误人选"，这表明，那时他就已经不堪重负了。别的朋友后来也说，1936年1月，当乔治五世再次病危时，爱德华又差一点儿放弃他的继承权。然而，直到去世，老国王也未等来王储的任何正式声明。因此，爱德华也就别无选择了。

一方面，或许父子二人性格上的确迥然不同，但另一方面，两人似乎对彼此的观念也毫无转圜的余地。无论如何，凭着他强烈的公共责任感和对保持君权神秘感的领悟，乔治比任何人都能更清楚地看到爱德华身上的污点，那些污点必将对他的统治构成致命威胁。随着一个又一个丑闻成为过去，爱德华似乎越发相信，他是无可撼动的，而乔治始终担心，他千辛万苦创立的基业可能会后继无人。他并非杞人忧天。最终，那小子身败名裂，用时尚不足一年。

恋爱中的伯蒂

伊丽莎白·鲍斯-莱昂女士绝对堪称俗话说的那种"难搞的"角色，她竟然拒绝了未来英国国王的求婚——不是一次，而是两次。

文／艾丽西亚·弗朗西斯

伊丽莎白·鲍斯-莱昂一直深受英国民众的喜爱，她是"二战"阴霾中的一道光明，曾被阿道夫·希特勒称为"欧洲最危险的女人"。对许多人来说很难想象，这位已故的王太后，一个戴着羽状凉帽、穿着花裙子的女人，除了是一个慈祥的外婆之外，还会是别的什么角色？但是，伊丽莎白的另一面，却很少有人（包括她最亲近的人）知道。她天真无邪、笑容灿烂的外表下面，是一个聪明机智、雄心勃勃的女人，除了英国国王，其他任何男人她都不屑一顾。最终，她成功了，尽管是以她不可能想到的一种方式。

1900年8月4日，伊丽莎白·安吉拉·玛格丽特呱呱坠地，她是家中十个孩子中的老九，父亲名叫克劳德·鲍斯-莱昂，格拉姆斯勋爵，母亲是塞西莉亚……至少，这是官方公开的说法。爱德华（温莎公爵，在他短暂的执政时期被称为爱德华八世）曾在公开场合提到王太后是"小厨子"，暗指有传闻说，伊丽莎白其实是克劳德与塞西莉亚的法国厨师玛格丽特·罗蒂埃的女儿。不过，关于她究竟出生在哪里，的确有许多令人不解之处，甚至太后本人似乎也感到迷惑。1921年，她在她的护照申请表上填的是生于伦敦；但在1937年，她在一块饰板上发现，她的出生地是赫特福德郡圣保罗的瓦尔登。后来，1980年7月，在准备她80大寿的时候，克拉伦斯府发布声明重申：太后陛下出生于伦敦。

也许，她的出生是早先的一种代孕形式结出的果实，虽说不是司空见惯，但也并非闻所未闻。格拉姆斯勋爵夫人在她的长女维奥莱特1893年夭折后，患上了神经衰弱，有可能医生因此建议她不要再生小孩。然而，伊丽莎白出生背后的真相可能永远也无法公之于众，因为直到21世纪，贵族收养的孩子才跟亲生孩子一样，平等享有继承父母头衔的权利。承认伊丽莎白是她自己亲生的女儿，塞西莉亚就保证了这个孩子能够跟她的其他孩子一样，继承父母的身份、地位

查尔斯死了，威尔士亲王也拒绝了她的示爱，所以她必须扩大自己的猎捕范围。

和头衔。

无论有无基因上的关系，伊丽莎白和塞西莉亚之间一直相亲相爱。格拉姆斯勋爵夫人的热情好客远近闻名，甚至年少的伊丽莎白也耳濡目染，学会了她的待客技能，在父母的宴会上经常会被鼓励去结交那些年长的客人。为了给伊丽莎白找到一位合适的家庭女教师，塞西莉亚在回复一份申请时写道："（她）是一个令人愉快的女伴，心智成熟，通情达理，所以，很多时候跟你在一起的并不是一个小孩子。"伊丽莎白的一位老师多萝西·伯特威斯尔回想起这位学生时，说她是一个聪明伶俐、可爱迷人的女孩，她那天使般的外表总能让她在各种各样的恶作剧之后从容逃脱。她还说："至于她后来的人生，我并不感到惊诧，甚至在她12岁的时候，我就看出，一旦有了机会，她必将画出精彩的一笔。"

伊丽莎白真正迎来一展身手的机会，是在第一次世界大战期间。随着战争爆发，克劳德决定全家搬到苏格兰的格拉姆斯城堡，那里是他的祖地，也是莎士比亚的名剧《麦克白》的背景所在地。在她的四个哥哥奔赴西部前线的同时，伊丽莎白与她的姐姐罗丝和母亲一起也着手为当地的部队编织袜子和围巾。随后她们接到指令，城堡将用作疗养院，收容前线归来的受伤战士。家具从餐厅搬了出去，取而代之的是一排排床位。罗丝从事护理，而当时14岁的伊丽莎白被安排负责招待那些受伤的年轻人。她替他们跑腿打杂，为他们补足巧克力和香烟。如果他们自己不能写信，她就代他们给家里写信，读给他们听，与他们做伴。她的美丽可人和精灵古怪赢得了士兵们的普遍赞誉。一位战士写道："她小小的年纪却很有女人味，心地善良又善解人意。"另一位则写道，房客们都很"崇拜"伊丽莎白。

战争的持续时间比预期的长多了。1915年9月，伊丽莎白的哥哥弗格斯在卢斯战役中不幸牺牲。消息传来，举家悲痛。不过，灾难之余，对伊丽莎白来说，战争也有它的"好处"：她收获了满满一箩筐身着制服的帅气小伙子。后来，回到伦敦家中，她和她的几位老师总爱长时间站在窗边，望着来来往往行进的士兵队伍，或者搭讪那些乘坐夜行火车返回苏格兰的"英俊的水兵"。有几位水兵，伊丽莎白并不觉得英俊，其中就包括艾伯特王子——国王乔治五世和玛丽王后的二儿子。1916年，他出席一个宴会，当时

▲ 小时候的伊丽莎白头脑聪明，模样可爱，但是也会调皮捣蛋

▲ 据温莎公爵（左二）说，一开始，伊丽莎白对他比对他的弟弟伯蒂（右二）更有好感

她也在场。她的朋友海伦·哈丁后来回忆说，伊丽莎白觉得他"近乎讨厌"。

这次见面没过几周，水兵王子就初次体验了战争的滋味，作为王家舰艇"科灵伍德号"上的炮塔指挥官参加了日德兰之战。在那之前，他曾被派往海军部做文书工作，但在1914年阑尾炎发作之后，他被调离海军军职。当他终于可以返回大海时，却又患了急性抑郁症，所以多半时间只能待在"科灵伍德号"上的医务室里，直到战斗打响他才露面。随着他被诊断出十二指肠溃疡，1918年2月，高层做出决定，允许他留守陆地。

同月，伊丽莎白迎来她的成年舞会。舞会获得巨大成功，出席者众多，看那架势，她已然是社交圈里最受欢迎的女子之一。一个月之内，她就有了相好，塞特灵顿勋爵查尔斯，既是古德伍德庄园的继承人，又有里士满和戈登的公爵领地。如果她能抓稳他，也就抓稳了英国最显赫的头衔——也是最显赫的家族——之一。她的一位同龄人，尊贵的斯蒂芬·坦南特，曾写道："她挑选男人，堪比优秀的棋手，泰然自若，伺机而动，又分门别类，像侦探一样，累加各种可能。"确实，她的眼睛很快瞟向别处。1918年3月，经人介绍，她认识了爱德华，威尔士亲王，英国王储。

若是战前，第一顺位继承人与伊丽莎白这种身份的女子结婚，简直毫无可能。在过去的两个世纪里，德国王室一直源源不断地为英国王子提

▲ 17岁的伊丽莎白初涉社交圈,迅速成为最受欢迎的"小交际花"之一

供王妃。但是，随着两国交恶，那一选项也就不再被考虑了。1701的《王位继承法案》还禁止王位继承人和罗马天主教徒通婚，所以也就排除了比利时人和意大利人。另一个因素是，许多其他欧洲国家已经开始实行共和制。因为可选的范围大幅缩小，首相建议乔治五世允许他的儿子从英国贵族的女儿中选择配偶。

这一消息犹如野火一样迅速传遍社交圈，伊丽莎白也相应调整了她的眼光。像伊丽莎白一样，24岁的爱德华活力四射且善于交际，第一次会面，他就跟她跳了两支曲子。但是，伊丽莎白那种老式的甜美并不合乎他的口味，他喜欢的是闪亮而摩登的女孩。所以，尽管她柔媚有加，他也只是若即若离。

战争终于结束，伊丽莎白与查尔斯依然交好。但是，1919年，他自愿入伍，出征俄国，卷入了红白双方的内战。8月，他在战场上英勇牺牲。收到这一可怕的消息，年轻的伊丽莎白伤心欲绝。她写信给她的朋友贝蒂尔说："他是我唯一的男友。我觉得，再也找不到像他这么合适的男人了。"查尔斯死了，威尔士亲王也拒绝了她的示爱，所以她必须扩大自己的捕猎范围。她到处招蜂引蝶，查尔斯死后不到一个月，她就钓到了她哥哥迈克的一位朋友，詹姆斯·斯图亚特，莫拉伊伯爵第17顺位继承人。当年10月，他被任命为伯蒂王子的侍卫官。1920年7月，在一次王家空军舞会上，正当伊丽莎白与詹姆斯热情共舞时，伯蒂的眼睛忽然一亮。

直到最近，伯蒂还一直爱着另一个女人。通过他的哥哥，他认识了希拉·奇泽姆，罗斯林伯爵第5顺位继承人的澳大利亚籍妻子，一个热辣且洋溢着异国情调的女人。当他的父亲听到风声，他正跟一个有夫之妇一起厮混时，便好言相劝，并承诺给他约克的公爵领地，让他结束这段恋情。伯蒂接受了。虽然他仍在为失去希拉而感

王家婚礼

伯蒂和伊丽莎白的婚礼，万众瞩目，举国同庆

日期定在1923年4月26日，地点当然是威斯敏斯特大教堂。客人包括首相博纳·劳、政客温斯顿·丘吉尔以及塞西莉亚的表兄奥斯瓦尔德·莫斯利（Oswald Mosley，未来的英国法西斯联盟领导人）爵士等。与此同时，成千上万的民众冒着大雨，在通向教堂的大街两旁夹道欢庆。伊丽莎白共有8位伴娘。她身上的乳白色水波纹雪纺绸婚纱是由玛丽王后的御用裁缝汉得利-西摩夫人设计的。婚纱上的一条布鲁塞尔蕾丝花边，是她的一位先祖在为英俊王子查理（斯图亚特家族的一位英国王位继承人）举办的一场盛大舞会上曾经戴过的。她手持的鲜花（就是广为人知的放在无名战士墓上的那一束）是一束白玫瑰。伯蒂当天穿着他的王家空军制服。（1918年4月，王家空军创建伊始，他就加入其中，并于第二年7月成为一名合格的飞行员。）尽管求婚的过程一波三折，《泰晤士报》报道说，伯蒂"目光炯炯，洋溢着幸福"，他和伊丽莎白"貌似心中唯有彼此"。白金汉宫的一场喜宴过后，二人登上一列从滑铁卢站到博勒斯顿莱西的火车，直达萨里郡的一处乔治式大宅，他们将在这里享受蜜月。

▲ 尽管伯蒂两次求婚遭拒，但他最终还是和伊丽莎白于1923年4月26日在威斯敏斯特大教堂结为夫妻

▲ 婚礼当日,伊丽莎白缓步走进威斯敏斯特大教堂

各路媒体很快纷至沓来,而这位未来的公爵夫人做了一件史无前例的事情。

伤,但这并不妨碍他邀请伊丽莎白跳一支舞。第二天,伊丽莎白在写给贝丽尔的信中说,"他是个很可爱的年轻人",尽管他比她大四岁。但她丝毫未提伯蒂的相貌,不像她评价另一位钻石王老五那样绘声绘色。接下来几个月,伯蒂拜访过她几次,但伊丽莎白的情感却仍在詹姆斯身上。

当詹姆斯的兴致明显不足时,她便尝试新的策略:向伯蒂加紧攻势,试图以此挑起詹姆斯的妒忌。

她的计划事与愿违。1921年2月,伯蒂通知父母大人,他打算向伊丽莎白求婚。一听说她是个可爱的旧式女孩,二老当即爽快地表示同意。

▲ 伊丽莎白与她的父亲，斯特拉思莫尔和金霍恩的伯爵，以及她的母亲塞西莉亚

▲ 伊丽莎白被视为古典美人，正如这幅1925年前后的画像所示

▲ 位于苏格兰安格斯的格拉姆斯城堡是斯特拉思莫尔和金霍恩伯爵的祖业，伊丽莎白的大部分童年时光是在这里度过的

▲ 1926年，伊丽莎白和伯蒂的女儿（未来的女王伊丽莎白二世）出生

但是，几天后，当他在午餐会上向她表白时，伊丽莎白却一口回绝了他的求婚。如果不能拥有詹姆斯，那么除非是王位直接继承人，她才能接受——至少，温莎公爵后来是这么解释的。也有人辩护说，她是害怕王室生活的种种约束才拒绝他的。在第二天写给伯蒂的信中，她说："我必须写信告诉您，对昨天的事我非常抱歉。一想到它我就痛苦不堪。您令我深感荣幸。请原谅。"塞西莉亚也写信给伯蒂说，"这一小段浪漫曲的结束实在令我们感到悲伤"，又说，"我衷心希望王后不要为此大动肝火"。

但乔治和玛丽仍不死心，他们盼着伯蒂能和伊丽莎白走进婚姻的殿堂，于是，1921年9月，玛丽亲自接见伊丽莎白。见面之后，她深信不疑，这个女孩就是"能给伯蒂带来幸福的那个人"。为了把她引入王室生活，王后鼓动她的女儿玛丽公主，邀请伊丽莎白做她的伴娘。就在婚礼结束一周后，伯蒂再次求婚，但又一次遭到拒绝。这一回，伊丽莎白写道："我衷心希望我们可以继续做朋友。这样的事情夹在我们的友谊之间，真是太令人难过了。您说，为什么要这样呢？"

两人依然书信往来，一起跳舞，一起参加活动。很快，每个人（除了可怜的伯蒂）都看得分明，伊丽莎白是在吊着他。她既保持着与他的亲密，又敞开着机会的大门，为自己赢得时间，以便仔细斟酌：在答应伯蒂的求婚之前，是否会迎来更好的猎物，詹姆斯，或者也许会是威尔士亲王？她公然与伯蒂打情骂俏，甚至让其他女性竞争者全都无所适从。玛丽王后听说这一情况，勃然大怒，立即写信给她的朋友梅布尔，要求撤回邀请函，不许伊丽莎白出席下一场舞会。

这一暗示肯定让伊丽莎白和她的母亲极其紧张。王后有能力把任何人清出社交圈。伊丽莎白意识到，事已至此，不能再玩了。她知道，她只剩下一个选择：等待伯蒂再次求婚。而这次，她只能接受。

但令人惊奇的是，1923年1月2日，当伯蒂真的又一次求婚（第三次），伊丽莎白并未立刻表态。"您用天使一样的大度，容许我有充分的时间好好想一想。我真的需要时间，因为方方面面都需要长久地深思熟虑，这对我们两个人都是非常重要的。假如最终我有了定论，接受了您，当然一好百好。不过，伯蒂王子啊，假如我认为不能接受（除非我有绝对把握，否则我是不会嫁给您的，这对您自己也好），那么我会远走高飞，再也不要见到您。"到了这个份上，乔治国王和玛丽王后也无计可施。玛丽写信给梅布尔说："我承认，我们一边盼着事情不要出现任何偏差，一边都对小伊的行为感到气恼。"梅布尔必定把这一信息转达给了塞西莉亚，后者继而告诫她的女儿：机不可失，时不再来。

伯蒂尽可能安抚他的母亲，请求王后允许他再次登门拜访伊丽莎白，争取一个"明确的答复"，无论结果如何。1月13日，星期六，

▲ 1928年，约克公爵和公爵夫人的合影

上午10点30分，他来到圣保罗的瓦尔登。直到第二天晚上11点30分，他才终于得到了那个答案——为此他已经等了两年多！

订婚的消息发布以后，各路媒体很快纷至沓来，而这位未来的公爵夫人做了一件史无前例的事情，她把他们请进家里进行采访！王室上下惊恐万分，但恰是这一步，让王室人气大涨，呈现出多年不遇的景象。她被描绘成一副"英国少女的妩媚形象"，天生丽质，她是一个活生生的人，不像别的王室成员那样拒人千里之外。这一天也给王室家庭上了重要一课：亲民，才是王位的保障。1923年4月26日，婚礼当天，伊丽莎白把她的花束放在无名战士墓上，这不仅开启了一项持续至今的传统，也保证了一代又一代民众的忠诚。她恐怕很难想到，13年后，她的雄心壮志终于得以实现，正式戴上了英国王后的冠冕。

"我们四个"的幸福之家

约克公爵和公爵夫人热爱他们在伦敦宅邸的舒适生活，而且，随着温莎王朝逐渐陷入波涛汹涌的浪潮之中，那里更是成为他们难得的庇护之所。

文 / 琼·伍勒顿

那幢住过一个幸福之家、走出两代君主的房子，早已荡然无存。皮卡迪利大街145号，在1927到1936年间，住着未来的国王乔治六世和王后伊丽莎白以及他们的家人，当时，他们是约克公爵和公爵夫人。战争中，那里遭到轰炸，此后又几经重建。就是在那幢房子里，伯蒂（家人都这么叫他）和他挚爱的伊丽莎白养大了他们的两个女儿——玛格丽特公主和未来的女王伊丽莎白二世。在这里，亲情得以凝聚，以至于乔治六世曾经自豪地说，王室一家就是指"我们四个"。也是在这里，他和他的长女赢得了支持，找到了自信，最终成为温莎王朝的中流砥柱。

这样的家园是约克公爵和公爵夫人盼望已久的隐居之所，但是，他们不得不等待，直到结婚几年之后，才找到这个梦想之地。1923年婚礼过后，二人随即借住在里士满公园的白屋，但是，他们发现那里地方太大，太偏远，生活不便。1926年，大女儿伊丽莎白公主出生后不久，他们计划移居伦敦中部。借助银行贷款，他们买下皮卡迪利大街145号，第二年就搬了进去。

公爵和公爵夫人急于回到首都中心，重新开始他们的生活，但伯蒂和伊丽莎白并不想经常出入新潮的宴会场所，那些地方是伯蒂的哥哥爱德华和弟弟乔治的最爱。他们的新家挨着海德公园一角，既有近处威灵顿拱门的风光，又能看到绿园那一边的白金汉宫。公爵的父亲乔治五世国王，在他的晚年，习惯于每天早上都向伊丽莎白公主挥手，他的孙女也会在这边开心地回应他。虽然这是一处王家宅院，但它首先给人一种家的感觉。

这并非说它缺少恢宏大气。虽为城市排房，

▲ 1936年7月，伯蒂和莉莉贝特与他们的宠物狗在皮卡迪利大街145号的草地上玩耍。仅仅几个月后，他们就不得不离开这个田园牧歌般的家。

岛上奥斯本庄园里的一些枝形吊灯借给他们。她还开出一张支票供他们改善新居，而这对年轻夫妻只是到旧货市场捡回几样东西。另外，约克公爵夫人也为新窗帘犯愁，因为她发现，新家的窗户很大，从白屋带过来的那些窗帘太小，用不上。

然而，就在他们准备搬家之际，约克公爵和公爵夫人却不得不踏上澳大利亚和新西兰的巡访之旅。所以，新家所发生的许多变化，他们并未亲历亲为。6个月后，当他们回国时，乔治五世首先指出：皮卡迪利大街145号的焕然一新，玛丽王后劳苦功高。

一进门，扑面而来的即是浓浓的旧世界（尽管它正在化作历史的陈迹）的气息。满屋子都是笨重的家具，甚至婴儿室里也有一排老式的正面镶玻璃的展示柜，里面摆放着伊丽莎白的一些玩具。不过，对伯蒂和伊丽莎白来说，这是他们渴望回归的家，因为家中有他们幼小的女儿。出访获得巨大成功，但二人始终非常牵挂他们的女儿。如今，尽管他们很快成为王室家庭中最辛苦的一对，但他们最在意的还是小伊丽莎白。母亲曾不止一次兴奋地描述她的女儿"秀色可餐"，父亲更是难掩他对女儿的那份自豪之情。

不过，就像当时所有的王室夫妻一样，伯蒂和伊丽莎白也有人帮忙照看孩子。长女出生之后不久，他们雇了一位保姆奈特夫人，她对小伊丽莎白的成长影响很大。她负责小公主吃饭、穿衣以及日常起居，伊丽莎白的每一项时间安排，游戏也好，洗澡也罢，全都得听她的。奈特夫人发现自己摊上一个话匣子，因为小公主很快就显出一副急于要说话的样子。就在皮卡迪利大街145

但皮卡迪利大街145号远非寻常建筑。它的正面有一道石柱门廊，顶上带一个小小的阳台，全家人曾不止一次现身这里向民众致意。里面既包括一间半底层厨房，也有顶层专供两位小公主使用的套房。这里有她们白天的活动室、晚上的休息室、一间小浴室，还有一处平台。小时候的伊丽莎白已经显示了她的骑手潜质，每天晚上都要在平台上集合她那些可爱的马儿，为它们更换鞍辔。

1927年，约克公爵一家刚买下这幢房子的时候，它在许多方面尚需完善。比如，他们缺少家具。在白屋时他们曾用过的许多物件，玛丽王后允许他们拿过来继续使用，又把一直挂在怀特

伯蒂和伊丽莎白坚定地认为，快乐应在两位小公主的生活中占有同样大的比重。

号的房间内,她开始学着说出自己的名字,但又发音不准,出口反而成了"莉莉贝特"。如今仍有她至亲的家人叫她这个昵称。即使伊丽莎白暂时消停下来,不绝于耳的还有吉米,这只鹦鹉是伯蒂在出访澳大利亚期间收养的,总爱不停地问人想要喝点什么。

约克夫妇很快形成惯例:上半年待在伦敦家中,之后去苏格兰消夏。1930年8月21日,在格拉姆斯城堡,两人迎来他们的二女儿。当年秋天,玛格丽特·罗丝公主初次入住皮卡迪利大街145号,由奈特夫人照看,而她的助理护士玛格丽特·麦克唐纳更多负责伊丽莎白公主。两人感情深厚,小公主甚至叫她"波波"。始于皮卡迪利大街145号的这段情谊一直持续到几十年后。

出访新西兰期间,约克公爵夫人注意到,那里"一切都为孩子着想"。随着她的小家庭的扩大,她自己也开始贯彻这一原则。虽然顶楼有她们自己的房间,但两个女孩可以经常去她们喜欢的地方。早上,她们会跑到父母身边,与他们一起吃早餐;中午,如果爸爸妈妈在家,两个女儿也会与他们共进午餐;洗澡睡觉之前,父母还会来到楼上,跟孩子们玩闹一番,"枕头大战"是

▲ 1936年6月,公爵一家与他们的狗在温莎王宫的草地上。仅过了几个月,伯蒂登基为王

▲ 伊丽莎白公主的"小房子"（由Y.B.巴赫设计建造），是威尔士民众送给她的一份礼物

一家人经常玩的游戏。

约克公爵夫人也潜移默化地影响了他丈夫一家，以前，他们可是动不动就沉闷得令人透不过气来。但是，伊丽莎白对待他们全都像朋友一样，使得皮卡迪利大街145号变成一个家庭聚会中心，那些想要亲近两位小公主的叔（舅）伯、堂（表）兄弟姐妹和（外）祖父母，都愿意来这里。国王乔治五世和王后玛丽完全被两个孙女征服了，伊丽莎白的父母斯特拉思莫尔伯爵和伯爵夫人也是这里的常客。他们跟其他来访的客人一样，一走到门口，可能就会遭遇泰迪熊或布娃娃像雨点似的砸在他们头上。随着两位公主一天天长大，她们一看见有人走进大厅，就会从顶楼的育儿室顺着楼梯井向下抛掷柔软的玩具。

但是，年幼的莉莉贝特转眼就到了必须接受教育的年龄。1933年复活节，玛丽昂·克劳福德（Marion Crawford）加入王室家庭，担任小伊丽莎白的老师。克劳费（意为"鳌虾"，伊丽莎白如此称呼她）先前就曾为约克公爵夫人的家人工作，她为人率直，爱好户外活动，给伊丽莎白和伯蒂都留下了深刻印象。她让他们等了两

▲ 一家人都非常喜欢狗狗，他们养了好几条拉布拉多犬和柯基犬

周,才同意试教一段时间。在长达一个月的"试水"之后,她接受了教职,在王室一待就是15载有余。

克劳费在儿童心理方面颇有研究,所以很快,她就让伊丽莎白公主开始读报。她制订了一份覆盖6天的时间表,每天上午9点15分开始早课,一直上到12点30分午餐时结束。然而,她发现,约克公爵夫人对她两个女儿的正规教育相当随意。虽说公爵夫人已经教会年幼的莉莉贝特读书识字,也曾在早上两个孩子来到她的卧室时,给他们讲述圣经故事,可是克劳费感觉,其实两个女孩都可以学得更多一些。玛丽王后赞同克劳费的观点,她希望两个孙女的课程中包含更多的宗教和历史;但伯蒂和伊丽莎白坚定地认为,快乐应该在两位小公主的生活中占有同样大的比重。

即使两个女孩一天天长大,皮卡迪利大街145号的课程安排也仅限于上午,而且课堂总是在公爵夫人的会客室里。纵然玛丽昂·克劳福德绞尽脑汁试图改变,但她们的作息仍一如从前。下午的时间要用来跳舞、唱歌和呼吸新鲜空气。克劳费轻而易举就能领两个孩子出门活动。她们家的后面有一个大公园,她们可以去那里悠闲地散步,自由地奔跑,尽情地玩耍。这也给了两位小公主一个难得的机会,可以遇见许多与她们同龄的孩子。

后来,克劳费把她在王室家庭的经历写成书,结果惹恼了她的雇主。但正是通过她,我们才能对约克公爵一家住在皮卡迪利大街145号期间,父母与孩子之间以及公爵与公爵夫人之间的关系,有了一个清晰的画面。据玛丽昂·克劳福德描述,夫妻二人"在美满的婚姻中过着极其幸福的生活"。当时,威尔士亲王的恋情令八卦作家们兴奋不已,而约克一家的公众形象则是勤奋、踏实和安静。克劳费说,他们"非常恩

公主的玩伴

伊丽莎白公主早年的朋友大多是她的王家亲威,而她在皮卡迪利大街145号的家使她有机会扩大她的社交圈子

女王成长过程中一些早期的画面多拍摄于皮卡迪利大街145号的草地上,从这些照片中可以看到,当时的伊丽莎白公主过得多么幸福。在伦敦市中心的这片安全而隐蔽的地方,她抱着她的宠物柯基犬,无忧无虑地与它们追逐嬉戏。而后面的花园(与其他几栋房屋共享)则是她可以自由玩耍的地方,她在这里结成的友谊一直持续到许多年后。

1930年,莉莉贝特遇见一个小女孩,主动问人家是否愿意跟她一起玩。索尼娅·格雷厄姆-霍奇森(Sonia Graham-Hodgson)后来回忆说,她们玩了一下午"法式板球",才恋恋不舍地各自回家。临别时,这位未来的君主大声喊道,"明天见!"两个女孩从此交上了朋友,只要她们都在伦敦,就几乎天天一起玩。

索尼娅比公主大八个月,她记得曾与这位王家朋友一起玩过跳房子的游戏。她描述说,她的朋友"善解人意,很有礼貌"。1936年,伊丽莎白的父亲做了国王,公主搬进白金汉宫,两个女孩各自的生活起了变化,一起玩的日子就少了。不过,她们始终保持联系,直到2012年索尼娅去世。

▲ 伊丽莎白公主和她的朋友索尼娅。她们有时会从皮卡迪利大街145号的草地跑到海德公园去玩

▲ 克劳费笑容满面地看着伊丽莎白公主和玛格丽特公主坐在一辆微型轿车上

爱",二人喜欢独自在伦敦他们自己家的餐厅里吃晚餐,家中的这段时间,完全属于他们十分宠爱的两个女儿。

一家人也去其他住处。除了巴尔莫勒尔和桑德灵厄姆的王家休养所之外,他们在温莎大公园的王宫还有另外一个家,1931年起,乔治五世允许他们住在这里。但是他们总爱回到皮卡迪利大街145号。就是在这里,他们养成一起玩牌的习惯,经常一坐下来就会打上几轮"拉米"、"司乃普"或者相当应景的"幸福人家"。

约克公爵和公爵夫人在伦敦的家既是他们的办公场所也是家庭生活的港湾,但是随着20世纪30年代的到来,这里对于他们的王室工作变得更为重要。乔治五世的身体每况愈下,而威尔士亲王爱德华仍在王室义务和放荡生活之间摇摆不定,令他的家人越来越忧心忡忡。所以,约克公爵一家不得不承担起更多的职责。他们的伦敦宅邸成为闻名遐迩的重大晚宴聚会之所,吸引了来自各界的贵客要人。J. M. 巴里[①]和拉迪亚德·吉卜林都在那儿吃过饭,同样光临的还有拉姆塞·麦克唐纳和斯坦利·鲍德温(Stanley Baldwin)等资深政客。另外,公爵夫妇也积极参与慈善和慰问等各种公务活动,这些活动的幕后工作大多完成于他们的伦敦宅邸。从始至终,莉莉贝特和玛戈特都在家中的走廊上自由地奔跑,与她们的宠物狗追逐嬉戏。

---

① 巴里是苏格兰剧家,《彼得·潘》的作者。——译者注

但是，两姐妹之间的不同已经初见端倪。伊丽莎白的责任感开始冒芽，而玛格丽特的神采飞扬也越发明显。玛丽昂·克劳福德后来说，她的雇主真正希望的是让他们的女儿"过一个幸福的童年，留下许多美好的回忆，勇敢地面对未来的一切"。1936年，黑暗的日子终于来临。

那年1月20日，71岁的国王乔治五世驾崩，一下子把这个幸福之家投进悲痛的海洋。约克公爵忽然成为王储，他的妻子意识到，他们又要抛头露面，出席更多的公务活动。然而，新任国王爱德华八世与他的美国情人沃利斯·辛普森却玩得正酣。当约克公爵结束了暑期休假返回伦敦时，形势日渐明朗，一场危机正在悄悄逼近。就在这幢他们深爱的城市排房之内，伯蒂和伊丽莎白第一次想到了国王退位的可能。1936年12月11日，爱德华真的放弃了他的王位，这时，他们也只能把这个幸福之家抛在身后。

随着新任国王和王后与他们的女儿入主白金汉宫，皮卡迪利大街145号的家也被打包带走了。人去楼空之后不久，连房子本身也不复存在。战争说来就来，最初几个月，这个前王室之家被用作一个救济基金会的办公室。但是，大空袭期间，1940年10月7日，一颗强力炸弹落在这里，造成严重损毁。据一位民防队员记录，他们在残垣断壁中找到了管理员和他的家人。20世纪60年代后期，不断有方案提出，要在原址上建一座豪华宾馆，直到1975年，一幢新的建筑终于对外开放。

但是，即使那幢房子不见了，它留下的记忆仍在。那里曾是一对年轻夫妻和他们两个女儿的幸福港湾。随着伯蒂和伊丽莎白登上最高宝座，从皮卡迪利大街145号开启了幸福生活的"我们四个"，成为全新的"王室一家"，他们在彼此身上所获得的快乐，最终也必将在世界的舞台上发光发热。

▲ 这幢普通的伦敦排房成了摄影记者们的焦点，他们不顾一切地想要抓拍到这对火热的王家夫妻和他们的宝贝女儿

▼ 伊丽莎白公主和她的宠物狗在皮卡迪利大街145号的花园里一玩就是几个小时

伊丽莎白的责任感开始冒芽,而玛格丽特的神采飞扬也越发明显。

▲ 一个时代的终结:国王乔治六世登基,携全家入主白金汉宫,皮卡迪利大街145号挂上了"出租"的牌子

并不平静的驾崩

乔治五世的去世悄然宣告了一个时代的终结，
但是，他生命的最后一天却蕴藏着一个惊人秘密，
而这个秘密直到半个世纪之后才被人揭开。

文 / 琼·伍勒顿

▲ 1936年1月28日，来自世界各地的高官显贵参加了国王乔治五世的葬礼

1936年1月20日晚上，一则简短的声明宣告乔治五世"平静地离开了人世"。简单几个字描绘出一幅安宁的画面，但是，即使当晚国王去世时真的那么安然，其周围的情形也并非如此。几乎在乔治五世咽下最后一口气的同时，就爆发了骚乱。50年后，秘密终于揭开：当时，在没有请示任何人的情况下，他的医生私自加速了他的死亡。

新年钟声一敲响，乔治五世就病倒了。其实，在伯特兰·道森（Bertrand Dawson）决定给君主注射致命剂量的吗啡和可卡因之前，他的病情已呈无可挽回之势。几周以来，国王一直饱受折磨。当晚在桑德灵厄姆他的家中服侍他的人全都意识到，死神必将在几天之内（即使不在几个小时之内）降临。

道森去世多年以后，他的日记公开出版，在日记中，道森描述了乔治五世临终的那个夜晚。他说，显而易见，他的病人"可能还要受数小时的罪"，但接着说，"等待生理机能完全停止和生命迹象彻底消失，只会令他身边的人心力交瘁"。在这则日记中，道森也承认，他"决定亲自送国王上路"。当天深夜，道森给不省人事的君主在颈静脉上打了两针。正如他的医生所安排的那样，乔治五世在11点55分与世长辞。

除了国王遭受的痛苦，这位王家医生还有另一番考虑：假如乔治拖到第二天凌晨，他的死讯将会首先登上下午的街头小报，但是，如果他在午夜前去世，他的谢幕就会随着一早销售的《泰晤士报》发布出去。他告诉他的妻子，赶紧给报社主编打电话，叮嘱他务必留出首页版面。

▲ 国王的医生使国王的去世提前了几个小时，为的是让他的死讯抢先在他们称之为"正当的报纸"上发布

于是，乔治的去世被正式昭告天下，世界从早报中及时得知了这一消息。报纸以大幅版面刊登了他富有诗意的遗言，包括那句挽歌似的"帝国还好吗？"。

官方的说法是，国王死于支气管炎。一段时间以来，他身体一直不好，抽了一辈子烟，他的肺已经出现了问题。前一年，他刚经历了执政25周年的庆典，但庆祝活动的旅途奔波搞得他精疲力竭，到了晚上，他常常需要吸氧。1935年12月3日，他挚爱的妹妹维多利亚公主去世，更令他痛不欲生。圣诞节过后不久，他的呼吸愈加困难。1936年1月15日，他连说感觉不舒服，然后早早上了床。他压根儿没想到，从此他再也走不出这个房间了。

临终前，他的家人聚集在他的身边，但乔治

一死，这个家就四分五裂了。可以理解的是，随着父亲大限临近，长子爱德华变得极其焦虑。老国王驾崩时，他更是歇斯底里，紧紧靠在母亲身上，失声痛哭。接下来，他愤然下令，把宫里所有的时钟（都快半小时）调回正确时间。随后，玛丽王后向她的儿子——她的新君主——致敬，随即要求尽快举行乔治的葬礼。

1月21日下午，老国王的灵柩抵达诺福克郡桑德灵厄姆的教堂，在这里停歇之后，再运往伦敦供人瞻仰。但是到了伦敦，却出现了又一个不祥的预兆。1936年1月22日，国王爱德华八世的正式登基通告在圣詹姆士宫公开宣读。按照传统，新任君主从不出席这一活动，但在这次的仪式中，爱德华却面带笑容出现在一扇窗的旁边。陪伴他的只有一个人，沃利斯·辛普森。

爱德华和他的家人一起忙着料理乔治的后事，这时，辛普森夫人则消失在人们的视野之内。新任国王肃穆地站在父亲的灵柩旁，身边是他的几个兄弟，约克公爵、格洛斯特公爵和肯特公爵。几个小时后，灵车穿过汹涌的人群，来到温莎城堡，葬礼将在这里举行。1936年1月28日，乔治五世被安葬在圣乔治礼拜堂。

1986年，随着日记的出版，道森的"义举"大白于天下，成为轰动世界的头条丑闻。很多人谴责这件事，斥之为"邪恶"，更有某些业内人士以"谋杀"谓之。没有任何证据显示，乔治五世、他的家人或其他医生了解其中的来龙去脉。历史学家一致认为，玛丽王后笃信宗教，她也不可能授权这种行为。所以，那似乎只是道森一个人的决定。

乔治五世一直是一位公关大师，他的去世也完全符合他极其看重的守时原则，但其实那却是一场戏，几十年来，连那些最爱他的人也被蒙在鼓里。

▲ 在温莎城堡的葬礼之前，乔治五世的灵柩停在威斯敏斯特厅，供尽可能多的民众前来吊唁

20世纪的"弑君"事件

1928年,伯特兰·道森因为挽救了乔治的生命而一举成名,
但多年以后,他对国王的去世也负有不可推卸的责任

长期以来,伯特兰·道森一直是宫中的红人,直到他跟一个同事闹翻,传出一段在当时看来毫不起眼的诗文。诗中写道:"佩恩有道森,杀死好多人;我们高声唱,上帝救国王。"多年之后再看,它似乎又有一层新意。

1864年,道森出生于克里登;1920年,他被封为男爵,当时,他已经为王室服务十载有余。1907年,他先被爱德华七世起用,1910年,乔治五世继任之后不久,便给他升了职。1928年,他救了国王一命。乔治因为脓疮导致败血症,而当时尚无抗生素之说,紧急关头,道森找到了病灶。康复之后,乔治五世非常感激,立即把他的医生封为枢密院委员。

乔治去世后,道森依然在王室工作。1936年10月,爱德华八世封他为子爵。大概就在同时,这位御医在上议院发表讲话,反对将安乐死合法化。他说,安乐死只应是"医疗行业的智者"之选。他的发言尤其得到坎特伯雷大主教的首肯,乔治五世弥留之际,正是他在国王的床边做最后的祷告。当然,这位王室宠臣究竟做了什么手脚,主教大人也毫不知情。

▲ 伯特兰·道森在他的日记中承认,他加快了国王乔治五世的死亡过程

公众之爱，个人之殇

爱德华八世是一位颇受公众欢迎的君主，但是从他登基那一刻起，宫门背后就疑虑重重：他的政权能维持多久？

文/琼·伍勒顿

1936年1月，爱德华八世登基，之后不久，克莱夫·威格拉姆（君主的私人秘书）写信给澳大利亚总督，概述了这位新任君主的能力。他总结道："爱德华国王取得了前所未有的良好开局。"大批公众走上街头，为这位年轻的统治者加油喝彩；他那富有感染力的演讲博得热烈的掌声；以往总是报道他与沃利斯·辛普森的绯闻而抹黑他的那些媒体，也都集体噤声……这些全都说明，执政伊始，爱德华多么受人拥戴。但是暗地里，高官政客们已经对他的表现颇有微词，同时也在讨论他退位的可能，直到几个月后，他的统治终于岌岌可危。爱德华堪称双面国王：一方面，他深受公众喜爱；但另一方面，他总被那些有权有势的人视为累赘。

登上王位，爱德华的人气也达到顶峰。作为继承人的时候，他就被称为"单身汉的超级偶像和未嫁女的梦中情郎"，因为他的一表人才、敏锐的时尚感和几乎随时随地自然散发出的那种迷人魅力。他大声疾呼，要为前服务部门职员安排更好的工作，要改善住房，他多次走访国内贫困地区，他对海外殖民地进行广泛的巡视……这些都巩固了他"人民亲王"的地位。但是现在，他做了国王，还要坚持摆出同样的姿态，可就让政客们一下子坐不住了。

爱德华八世的执政看似迎来了开门红：父亲去世后，他面向即位委员会发表了一篇感人的演讲，赢得了满堂喝彩；就任伊始，呈递给君主的国务大事（放在红匣子里），他也批阅得积极主动，有条不紊。但是，他决心特立独行，按他自己的方式处理朝政，这种态度立即给一些人敲响了警钟。以前可从未有过哪位君主亲临宣读即位公告现场的情况。但是，1936年1月22日，当这项古老的仪式在圣詹姆士宫举行时，爱德华就站在一扇窗的旁边。接到父亲的死讯，他不顾安全因素，立马从桑德灵厄姆飞到伦敦。

王室服丧期间，他拒绝按照礼仪使用带有

▲ 帅气迷人的爱德华八世似乎有能力在他的统治下融合现代与传统

1936年11月3日,爱德华八世唯一一次参加议会开幕典礼

这位新国王认为,一切政治活动都应该听从他的安排。

黑色镶边的公文纸,继任之后,他发出的首批公函都是写在蓝色信纸上(在萨里的贝尔维迪尔城堡的家中,他一直用这种信纸)。他很不情愿住进白金汉宫,但还是愤愤不平地同意了搬迁。然而,这样的让步也只有屈指可数的几次而已。随着任期开始,按照他自己的想法,这位新国王要求起草一份方案,终止颁发王室御用许可证的措施。他坚持短途出行只需徒步而不必坐车,惊得一部分朝中元老连连摇头:这哪里还有君权的神秘性?表面上,尤其是在爱德华人气高涨的背景下,一些反对的声音似乎掀不起什么大浪。但是,他革新王室的决心来势汹汹,明显是要打破令他不满的一切传统。爱德华的种种作为,在他登基之后短短几周立刻引起了严重关切。

当时的资深政客,包括首相斯坦利·鲍德温在内,对于君主和政府之间的长期关系十分担忧。已经有记录显示,爱德华愿意听取年轻政客的意见,而对老臣却爱搭不理;不久,他更是在会议和接见时迟迟不肯现身,让他们苦苦等待。执政之初,他跟科斯莫·戈登·兰(坎特伯雷大主教)有过一次紧张的会面,主教后来道出心中的忧虑:爱德华身为英国教会的最高领袖,却对教会的一切几乎一无所知。

爱德华公然无视那些政客的愿望,令他们感到心寒,但是从公众那里,他的魅力依然为他赢得广泛的支持。他不断走访贫困地区,详细探讨创造就业机会和改善生活条件的必要。与此同时,他在他的几处王家居所还实施了一连串的预

▲ 就在他与沃利斯·辛普森的恋情引发的危机一步步逼近之际,爱德华视察了威尔士,这是他最后的一系列重大公务活动

无视传统的国王

爱德华更看重他的头发而不是传统，
早已暗示他的统治必将闹得满城风雨

爱德华八世登基之后没几周，就已经有了方案，要发行铸有他头像的新版硬币。当然，这首先要征求他的意见。当被问到他将以何种面目出现在钱币上时，这位新国王的回答令许多人大吃一惊。他想用的是他形象最佳的左侧轮廓，这样可以基本保证呈现出他的一头秀发，为了达到这一目的，他宁愿打破三百年的惯例。

从查理二世执政时起，传统的做法一直是硬币上面新任君主头像的朝向与前任君主相反。乔治五世向左，爱德华就要向右。但是，他认为那样显不出他的最佳状态，也看不见他头发的分缝。尽管专业人士极力反对，这位国王还是坚持头像朝左。

硬币按时完成设计，定在1937年1月1日正式铸造。但是，随着他的退位，它们也永远失去了面世的机会。后来，爱德华请求制作一版，但他的弟弟乔治六世未予批准。相反，那些模型和模具至今还放在博物馆里，时时提醒世人：这是一位挑战传统的国王。

▲ 就在铸有爱德华八世头像的硬币发行前几天，他忽然宣布退位

算削减计划，直接导致许多侍臣失业或降薪。

但是，爱德华的公众形象与他的私人生活总是泾渭分明。在一个宴会上，他谈到，他希望与时俱进，只有这样，君主制度才能生存。可是，就在这种现代理念为他赢得支持的同时，他私下里的做法却几乎可以说是中世纪式的。爱德华很早就露出了这方面的苗头：与他意见不合者，他一概不听。他坚持要求，内阁文件必须首先拿给他过目，但新即位的激情很快便消失得无影无踪。很多红匣子放在他的办公桌上，直到很多天后，他才会抽点时间打开它们，瞅上几眼。不过，真正让王室背后的大佬们更为提心吊胆的，是他对风云变幻的欧洲形势的态度。

"一战"的创伤尚未愈合，所以，爱德华曾多次在公开讲话中呼吁，必须不惜一切代价争取和平。不幸的是，他赶上了一个独裁政权虎视眈眈的时代。当时专制统治在德国和意大利已经根深蒂固，许多当权人物都认为，只有尽可能与它们和解，才能避免冲突，求得生存。但令人愕然的是，爱德华执意贯彻他的理念，即使与政府的建议背道而驰，他也全然不顾。当流亡的阿比西尼亚（今埃塞俄比亚）皇帝海尔·塞拉西来到伦敦时，爱德华为了避免触怒墨索里尼（正是他的意大利军队推翻了海尔·塞拉西的统治），竟然顶住政治压力，拒绝在白金汉宫接待这位流亡皇帝。爱德华刚一登基，德国大使就报告说，这位新国王对该国"热情有加"。如此公然支持阿道夫·希特勒统治下的德国，爱德华八世实在让政客们避之唯恐不及。

1936年3月，希特勒军队挺进莱茵兰，爱德华坚决反对英国及其盟国通过武装行动予以反击。有几条来自德国的消息声称，他在他的办公室召见政界人士，坚持强调，他们只应做出和平反应。实际上，最终决定权根本不在他的手上，但这位新国王却不这么想，他认为，各个领域的

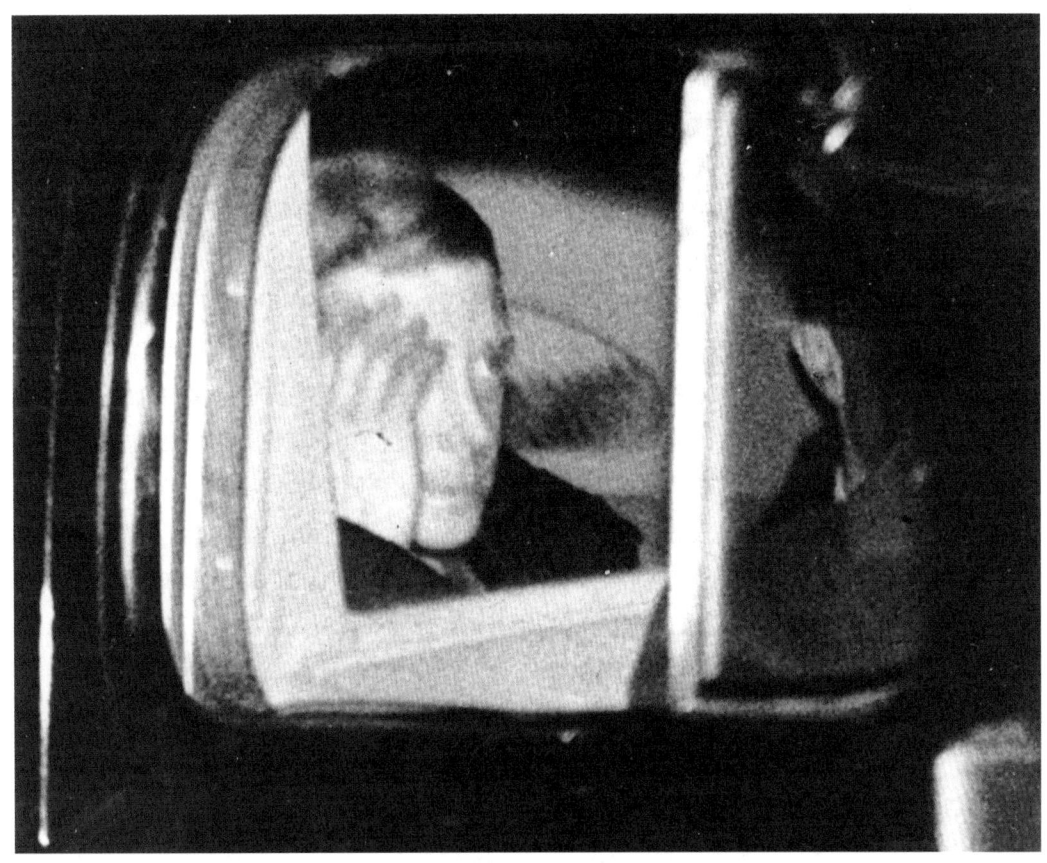

▲ 下台的国王。刚刚宣布放弃王位,离开温莎城堡时,爱德华试图遮住自己的脸

政治活动都应该听从他的安排。爱德华一门心思仇视苏联,他个人始终认为,是苏联政权造成了他的好几个亲戚(包括沙皇尼古拉二世及其家人)的惨死;所以,他把希特勒看作是对抗苏联的一块有用的压舱石。像上流社会的许多人一样,他和约阿希姆·冯·里宾特洛甫都对欧洲法西斯政权抱有同情,后者于1936年成为德国派往英国的特使,他甚至评价爱德华是"英国的国家社会主义者"。不过,里宾特洛甫的话不足为据,因为当时希特勒派他前来纯粹是为了拉拢这位新国王。

里宾特洛甫究竟与爱德华走得多近,一直颇有争议,但确定无疑的是,这位德国外交官与沃利斯·辛普森之间有着十分密切的联系。里宾特洛甫想要掌控沃利斯,进而掌控爱德华,以达到影响英国外交政策的目的。他或许感到惊讶,国王在政府事务中其实并没有什么发言权,尽管爱德华自认为他的话有很大分量。但是,此人频频涉足国王的交际圈,更加剧了政府高层已经存在的隐忧,最终导致警察只得长期跟踪监视辛普森夫人和她的情人。

政府高层主要的担心之一就是爱德华对待国务文件的那种不负责任的态度。此时的国王对那些文件几乎毫无兴趣,任由它们堆在他的办公桌上,沾满酒水的污迹。但是这样一来,任何人都有可能看到它们。在一次招待会上,里宾特洛甫之所以能把几个小时前内阁刚刚讨论过的事情悄悄透露给商会主席,其信息来源就是斯坦利·鲍德温送给爱德华的那些资料——爱德华告诉了沃利斯,然后由沃利斯传递给她的新朋友。随着他任期的继续,假如爱德华多关注一下那些红匣子的话,他就会发现里面已经没有什么机密信息了,但是,加冕礼的准备工作提上日程,他的心思已经在别处了。

当爱德华就任国王之后的第一个夏天,离开英国去海外度假时,他仍然像从前一样受到公众的欢迎。对于随后的风云变幻谁都一无所知,也根本没人料到问题会严重到事关他的统治能否继续。就在英国媒体报道国王正在享受阳光假期的同时,他们的欧洲同行却在炮制爱德华和辛普森夫人畅游地中海的各种花边新闻。二人完全占据了所有报纸的头版,很快,危机真的来临了。

谈及他与辛普森夫人之间的关系,爱德华在他整个执政期间都是同一立场。他要按照他的方式行事,不管他的顾问和政客们如何反对——他们的确反对。1936年8月,欧内斯特与沃利斯·辛普森的婚姻在伊普斯威奇巡回法院被宣判有条件终结。10月,鲍德温晋见爱德华,要求他设法阻止离婚生效,但遭到拒绝。事情已经没有回旋的余地了,国王的私人秘书亚力克·哈丁火速赶往爱德华的弟弟艾伯特那里,向他通报说,国王即将退位。

但是表面上,一切都还风平浪静。1936年11月3日,爱德华来到威斯敏斯特宫,出席他任期内唯一一次议会开幕典礼。成千上万的民众挤满伦敦中心大街,争相一睹国王的丰采,只可惜,一场大雨让爱德华不得不坐在车里前往。一次创新才更合这位君主的胃口呢,毕竟,变革是他一直奉行的宗旨。他站在聚集的两院议员面前宣布,他的加冕仪式将在1937年5月举行,随后他要出访印度,在那里加冕为皇帝。当然,这是民众希望听到的。但是,即便在这个欢欣的时刻,也暗藏着国王和大臣们之间尖锐的斗争,此前,爱德华曾对即将出访印度表达过强烈不满。

▲ 1936年7月,天鹅放飞季伊始,爱德华名字的首字母图案被安装在一条船上。当时,他的大部分臣民仍未察觉到暗流涌动的紧张形势

如今，那场争论已经毫无意义。11月16日，国王在白金汉宫召见鲍德温，向首相通报他要迎娶沃利斯·辛普森的计划。像以往一样，他希望走出他自己的步调，但鲍德温解释说，国家不允许这种不道德的结合。爱德华仍不死心，又提出贵庶通婚方案，保证沃利斯不享有王后头衔，但同样遭到拒绝。当他被告知，在这件事情上不顾大臣们的反对意见，将会引起一场宪法危机时，爱德华决定宣布退位。

消息传出，举国震惊，因为他在民众心中仍有崇高的地位。随着爱德华退位之事逐渐明朗，一首新版的《听天使们高声唱》在大街上传唱开了，其中第二句歌词改成了"辛普森夫人偷走了我们的国王"。这又一次显示了他的超高人气，捅出天大的篓子，他依然是"他们的国王"，人民的国王，他的离去，只是情非得已。事实上，爱德华似乎非常庆幸：他终于解脱了。

1936年12月11日，他简短的退位广播讲话为他的执政画上了句号。在他清朗的发言中，他说到了那个"他爱的女人"，他表示，他放弃王位完全是个人的选择。但事实上，在爱德华八世短暂的统治时期，他的退位与他推行的许多事情有着惊人的相似。他登上王位，一心想要按照他

▲ 1936年，爱德华（当时仍是威尔士亲王）与首相斯坦利·鲍德温，后者从一开始就对这位新国王忧心忡忡

认为合适的方式掌管朝政，却忽视了他手下那些通过选举上台的政客的重要作用，从而导致他们之间的矛盾难以调和。但是，他呈现给民众的形象永远是脸上带着迷人的笑容，浑身散发着无穷的魅力，正因如此，他的下台更让爱戴他的国民深感痛心。

声名狼藉的一生

沃利斯·辛普森是人们记忆中几乎颠覆英国君主政权的那个女人,即使在她与威尔士亲王的情事之前,她的生活也游走于道德边缘。

文 / 艾丽西亚·弗朗西斯

耳边响起她的情人通过空中电波传来的声音时,沃利斯哭了。伴着抽泣,她清晰地听见他在郑重宣读那几句"永垂不朽"的话语:"我发现,离开我爱的女人,缺少她的帮助和支持,我将无法承担沉重的职责,也不可能履行国王应尽的义务。"浪漫吗?当然!简直配得上一位王后。但事实上,沃利斯想要的并不是这番表白。她永远成不了王后,爱德华的退位已经明确了这一点,她只会被当成一个骗子。假如嫁给他(她知道她现在只能嫁给他),她的余生不仅都将遭遇王室家族的白眼,也会受到整个国家的唾弃。她不由自主地大声嘀咕道:"怎么会发生如此不可思议,如此荒谬绝伦的事情!"

沃利斯以后的人生都将与流言蜚语相伴,而她的从前又何尝不是如此?她的父亲提克尔·沃利斯·沃菲尔德(Teackle Wallis Warfield)是巴尔的摩一位富裕的面粉商人,她的母亲是受过良好家庭教育的爱丽丝·蒙塔古(Alice Montague)。两人很可能没有结婚就怀了这个唯一的孩子。"他们瞒着各自的家人,悄悄溜到外面结了婚。"沃利斯在她1956年的自传中写道。提克尔从小体弱多病,18岁时更是得了肺结核。蒙塔古夫妇认为他和他们精力充沛的女儿根本不般配,而沃菲尔德夫妇也看不惯他新婚妻子的家人,担心他会养不起她。他们的担忧很快变成现实。

就像她父母的婚姻一样,贝茜·沃利斯·沃菲尔德的准确出生日期也是个谜。不过,她的出生地倒是确定无疑。1896年,提克尔与当时已身怀六甲的爱丽丝决定在蓝岭峰(一个时尚的度假胜地)消夏,希望以此改善提克尔的健康状况。就是在这里,爱丽丝生下一个女儿,很可能是在6月19日,孩子的名字取自她的丈夫和她的妹妹贝茜。"贝茜"后来被去掉,只保留了更为中性化的"沃利斯"这个名字。提克尔只留下一张与他女儿的合影,因为仅五个月后他就去

▲ 1928年，沃利斯和她的第二任丈夫欧内斯特·辛普森在婚礼当天的合影

世了。

一贫如洗的寡妇爱丽丝抱着襁褓中的女儿，搬回来与提克尔的母亲和他的哥哥索尔住在一起。资助沃利斯生活和教育的就是这位索尔，他也是沃利斯被迫在经济上依赖的诸多男人当中的第一个。他冷酷无情，飞扬跋扈，时不时对爱丽丝欲图不轨，最终逼得她只能另寻居所。几年下来，爱丽丝和沃利斯换了一幢又一幢公寓，那段颠沛流离的时光，直到她成了公爵夫人以后，还常常会浮现在她的梦中。后来，爱丽丝再婚。1912年，沃利斯被送进奥德菲尔德，马里兰州最著名的一所学校。总爱惹是生非的她，就是在这里一举成名的。

十几岁的沃利斯跟奥德菲尔德的其他女孩大不一样，她爱好运动，心直口快，偏爱结交男孩。据报道，她为了见某个男孩，甚至从阳台跳了出去。尽管她并非传统意义上的美女，但她的聪明和机智却赋予她一种令许多人难以抗拒的性感魅力。1914年毕业后，她首次正式亮相巴尔的摩上流社交圈，就被许多人视为当季的最佳新秀。两年后，就在与她母亲的一个表亲相处期间，沃利斯遇见了她的第一任丈夫，温菲尔德·斯宾塞（Winfield Spencer）伯爵。

温（人们都这么叫他）是一位美国空军飞行员。他英俊潇洒，又有良好的出身，沃利斯立即爱上了他，不到六个月，两人结婚。直到1916年11月8日，婚礼当晚，沃利斯才认识到，她嫁给了一个酒鬼。他拿出藏在手提箱里的一瓶杜松子酒，而当时美国南部正在实行禁酒令。接下来的五年里，她在悲惨的婚姻中忍辱度日，简直就是她的酒鬼丈夫牢笼里的囚徒。这并非只是隐喻的说法，据她自己说，有一次，温把她锁在浴室里长达几个小时。第二天，她就下定决心要离开他。

1927年之前，沃利斯并未正式申请离婚，但这丝毫不妨碍她搞出一系列风流韵事。首先跟她混在一起的是唐·费利佩·埃斯皮尔，一位35岁的阿根廷外交官，比沃利斯大8岁。他受过良好的教育，有着丰富的阅历，对世事洞察入微。他或许只是逢场作戏，毕竟她已是有夫之妇，而沃利斯却深深坠入了爱河。当发现他还跟另一个女人有染时，她惊呆了，随着街头小报的捕风捉影，她的屈辱也被公之于众。除了与她丈夫和解，她别无选择。1924年，沃利斯漂洋过海，赶往温在远东的驻扎地。然而，这次重逢为时短暂，沃利斯又一次因为他的酗酒被迫出走。她在她的老朋友凯瑟琳·罗杰斯那里落了脚，后者新婚不久，当时住在北京。在这儿，她遇见了加莱亚佐·齐亚诺伯爵。

这位意大利阔少当时尚未与墨索里尼的长女

埃达结婚,他立刻就跟这位美国名媛搞到一起。结果,据知情人透露,沃利斯意外怀孕,糟糕的流产手术使她从此再也不能生育。这一传闻无从证实,但若是真的,便可证明另一传闻的虚假。20世纪80年代,在沃利斯晚年陷入昏迷状态时,她的传记作者曾与她的一位医生讨论过她的病情,此后便有传言,沃利斯患有雄激素不敏感综合征(AIS),一直风传至今。AIS患者出生时具有男性基因,但因其身体对睾丸素不敏感,所以在生理上会发育成女人。传闻的兴起很可能只是源于一个事实:沃利斯具有一些男性特征。但这并不合乎科学:假如沃利斯真的患有AIS,排斥男性荷尔蒙,那么她就会表现出更多的——而不是更少的——女性特征。其实,早在1951年,她表示做了子宫平滑肌瘤手术时,就已经让这类传言彻底站不住脚了。

沃利斯在中国待了一年多,一个人游走各地,穿梭于一场又一场舞会。据一位中国外交官的夫人顾秀妍①所说,沃利斯唯一学会的一句汉语就是:"服务生,拿香槟来。"但是,关于她在远东的这段生活,还有别的传闻。据说有一则被称为"中国卷宗"的公文,详细记录了她在这一时期所有的性事活动和放荡行为,是由爱德华的母亲和/或首相斯坦利·鲍德温收集整理的。人们尤其相信,公文里面记载了她在妓院和"练歌厅"里学来的那些五花八门的性技巧,也许她后来就是用这些高超的床技"拿"住了爱德华?

1925年9月,沃利斯和他的丈夫回到美国,但两人一直处于分居状态。这时,她遇到了欧内斯特·奥尔德里奇·辛普森(Ernest Aldrich Simpson),一个富有的运输业高管,当然,也是一个有妇之夫。在她的回忆录中,沃利斯写道:"他行事保守,但暗含机巧;他总是衣着考

① 音译。——译者注

究;他是一个高超的舞者;他喜欢看电影;他明显是一个博览群书的人;他给我的印象简直就是天上掉下来的完美男人。我有一颗向往四海为家的心,欧内斯特显然也有此意。"然而,当时的辛普森太太对沃利斯的评价却远非那么入耳:"偷汉子的事情让她做绝了。她搬进我家,占了我的房子,我的衣服,最后,一切都成了她的。"

正是这段情事促使沃利斯提出申请,要与温正式办理期待已久的离婚手续。她的家人大惊失色。伯父索尔警告她:"巴尔的摩人会怎么看这件事?我绝不允许你给我们带来这样的羞辱。"但沃利斯心意已决,谁也奈何她不得。然而,这个时间的选择,却让她日后陷入深深的悔恨。1927年10月,就在离婚协议签署之后,索尔去世。他并没有从他那500万美元的财产中,给这个他看着长大、如同女儿一样的女人留出适当的

▲ 反对国王爱德华八世退位的示威者

▲ 1937年,爱德华和沃利斯在康代城堡合影

份额,而是至死都在向她表达不满。他只留给沃利斯可怜巴巴的15000美元,外加一处房子中的一个房间,供"年迈而贫穷的"女人居住。虽然钱财上可能有所损失,但此时的沃利斯总算获得自由之身,可以嫁给她所爱的人了。1928年7月21日,二人在伦敦的一个结婚登记处举行了婚礼,从此安定下来。以贝斯沃特的家为起点,他们开始融入英国社交圈,结识一些精英,其中就包括威尔士亲王爱德华。

沃利斯和爱德华初次相见于1930年11月,在他们共同的朋友特尔玛·弗内斯女士(爱德华当时的情人)主持的一个周末家庭派对上。多年后,亲王还总能回想起他为她倾倒的那一刻。午餐时,因为两人的座位彼此挨着,他便问她,英国的冬天这么寒冷,她要怎么过?她的回答机智又大胆:"每个来到贵国的美国女人都被问到同一个问题。我本来还期待着威尔士亲王会拿出什么更新颖的东西呢。"7个月后,她被引荐来到宫廷(这是上流社会的惯例),又一次与亲王邂逅。她无意中听到他说:"应该给灯调一调。它们让女人看起来全都面色狰狞。"当他后来赞美她的礼服时,她说:"但是殿下,依我理解,您是认为我们全都面色狰狞吧。"他愣了一下,然后笑着说:"想不到我的声音传得那么远。"

随后几年,两人还有好几次交集。1934年1月,弗内斯女士离开伦敦,要在纽约待一段时间。据沃利斯说,弗内斯临行前叮嘱她:"恐怕亲王会有些孤单。你帮我照看他一下。"弗内斯女士对此事的说法与她稍有出入,但是不管怎样,反正沃利斯开始想方设法"让他开心"。爱

爱德华很快就认识到,他只有一个选择:宣布退位。

温莎夫妇与纳粹党徒

英国险些有一位纳粹国王？

在一段最新揭秘的录像资料中，出现了爱德华行纳粹礼的画面，而旁边就是他的小侄女，未来的女王伊丽莎白二世，这再一次让人们对他与纳粹政权的关系提出种种疑问。据信，因为曾经目睹"一战"的恐怖，他一直支持绥靖政策，甚至还认为德国法西斯主义有助于挫败东方蠢蠢欲动的共产主义威胁。1937年的一次高调出访中，他和沃利斯都与希特勒见过面。据说元首后来曾说："我相信，通过他，我们本来可以建立起永久友好的两国关系。如果他在位，一切都会有所不同。他的退位是我们的重大损失。"

希特勒这话可能并非戏言。1940年，纳粹曾阴谋绑架爱德华，然后怂恿他与希特勒合作，要么达成英德和平协议，要么在德国占领英国后安排他重返王位。虽然该计划没能实现，但英国政府立即认识到了温莎公爵和公爵夫人所带来的威胁。风闻爱德华已经把盟军的一些重要机密传递给了驻海牙的德国大使，丘吉尔当机立断决定任命他为巴拿马总督，并敦促他立即赴任。爱德华和沃利斯在那儿一直待到战争结束，平安躲过纳粹的魔爪。

至于沃利斯，也有证据表明，她是一个纳粹支持者。她与纳粹头目约阿希姆·冯·里宾特洛甫之间的绯闻屡屡见报，直接导致FBI（美国联邦调查局）介入调查，其中细节，根据《信息自由法案》，在2003年被公之于众。也许，英国政府和王室之所以禁止爱德华迎娶这位美国名媛，真正的原因就是她与纳粹之间的种种瓜葛吧。

"二战"一结束，公爵和公爵夫人就与奥斯瓦德·莫斯利（英国法西斯联盟领导人）以及他的夫人戴安娜成为朋友。多年后，戴安娜声称，爱德华与她的丈夫意气相投。莫非是沃利斯歪打正着，使英国避免了一场纳粹统治的灾难？

▲ 1936年的报纸头版报道显示，为了解决王室危机，沃利斯准备抽身而退

德华每天都要给她打两三次电话，还经常登门去看她。欧内斯特似乎丝毫不以为意，这位骄傲的王室支持者，甚至还会早早上床睡觉，任由他的妻子和亲王两人彻夜畅聊。

当爱德华开始出手阔绰地赠予沃利斯各种礼物时，欧内斯特也会接到属于他的那份。在对亲王的一件外套恭维了一番之后，他收到一匹犬牙织纹的呢料，随即经王家裁缝之手给他做了一件同样的外衣。后来，他的大名人人皆知，他就是那个为了一匹布而卖掉自己老婆的男人。

事情的发展似乎顺利得令人难以置信。两个男人好像都心甘情愿被拴在一起，而她既能在与欧内斯特的婚姻中找到安慰，同时又能尽享与威尔士亲王的风流快活。然而，当爱德华把她介绍给国王和王后的时候，问题来了。他的母亲大为震怒，明令禁止沃利斯参加来年举行的纪念国王执政25周年的一切活动。约克公爵夫人伊丽莎白（爱德华的弟弟伯蒂的妻子，也是未来的女王伊丽莎白二世的母亲）也同样非常厌恶"那个女人"。有人说这是因为嫉妒，她自己当年曾爱上

有人担心她会向她的纳粹朋友传递国家机密。

爱德华亲王,并不情愿嫁给他的弟弟。沃利斯成了公爵夫人的"不共戴天之敌"。

尽管他的家人恨得牙痒痒,爱德华还是我行我素,继续与沃利斯来往。1935年,他们甚至跑到欧洲大陆,过了一个二人世界的假期。与此同时,欧内斯特也对这两人的不检点行为越来越不耐烦。沃利斯告诉爱德华,他们必须减少见面,但亲王哪里肯听?他正爱得如醉如痴呢。他坚持不懈地向她大献殷勤,死心塌地拜倒在她的裙下,倒是令他的下属们颇觉有趣。然而,1936年1月20日,国王乔治五世驾崩。第二天,爱德华不顾王家礼仪,带着沃利斯来到他的登基通告宣读现场。这让王室和政府都清醒地意识到,他是不打算很快放弃他的情人了。

除了她是有夫之妇这一事实,王室和政府还有另外一层顾虑,这个问题要严重得多。在德国,纳粹气焰日益嚣张,而沃利斯的交际圈里,不仅有德国大使,还有希特勒的特使约阿希姆·冯·里宾特洛甫,据传她跟此人也有一腿。有人担心她会向她的纳粹朋友传递国家机密,有鉴于此,王室对她的敌意之火更加旺盛了。她和爱德华后来与希特勒的会面更加深了她的嫌疑,也给两人贴上了纳粹支持者的永久标签。

到了这个地步,貌似欧内斯特也放弃了与妻子重修于好的一切希望。当沃利斯的儿时好友玛丽·柯克来到他们家做客时,欧内斯特跟玛丽发生了关系。1936年7月,他同意沃利斯以他出轨为由申请离婚。

离婚协议一经通过,爱德华立即开始了他孤注一掷的努力,他想找到一个万全之策,既能迎娶心上人,又能保住王位。作为英国教会的最高领袖,他的结婚申请不合教义,按照教规,离婚人士在配偶尚在的情况下不得再婚。不仅如此,英国政府和各自治领政府都认为,沃利斯离过两次婚,无论从社会和政治影响方面考虑,还是以道德标准来衡量,她都不适合成为王后。爱德华甚至抛出了贵庶通婚的方案,只要能娶沃利斯,他可以不给她王后头衔。但这一提议也遭到英国、澳大利亚和南非等国首相的否决。若他硬要坚持娶她,政府将被迫辞职,从而引起宪法危机。爱德华很快就认识到,他只有一个选择:宣布退位。

与此同时,沃利斯不顾一切地试图阻止他。她后来写道:"我尽力想要说服他(爱德华),我们俩不可能走到一起。继续无望的争斗,只能给他带来不幸,也给我带来灾难。"不仅如此,沃利斯还在思念她的丈夫欧内斯特,渴望回到他的身边,这一点在75年后揭秘的信件中有所披露。但是到了1936年12月,两人的情事最终还是大白于天下。她逃到法国南部,凯瑟琳·罗伯茨当时住在那里,10年前在北京她曾容留过沃利斯。12月7日,沃利斯发布声明,公开解释说,她要"抽身而退,因为目前的关系既不愉快也不

▲ 1937年,夫妻二人在婚礼当日的合影

沃利斯的情书

75年后的一纸揭秘,让我们不得不重新评估那段历史

2011年,安妮·塞巴(《那个女人:温莎公爵夫人沃利斯·辛普森的一生》的作者)有了一个新发现,这一发现将颠覆我们对爱德华和沃利斯之间那段"童话般"爱情故事的认知。在安妮为了写那本书而四处调研的过程中,阿哈龙·所罗门斯(欧内斯特和玛丽·柯克唯一的孩子)给她提供了一大堆名字和地址。这些人大多没能提供任何新的信息,但其中一位(希望保持匿名)递给她一沓用丝带捆扎的蓝色信件。这些信件的日期在1936至1937年间,共有15封,此前从未公开过。它们都是沃利斯在爱德华逊位前后写的,但它们并非写给爱德华的情书,确切地说,这一封封火一样热烈、饱含深情的信都是写给那个她即将与之离婚的男人。

信中,沃利斯描述了她的"悲惨",她写道:"我感到无地自容,被压得喘不过气来。"她不顾一切地想要逃离,但爱德华威胁说,她一走,他就自杀。她还表达了她离开欧内斯特后的苦闷:"曾经的生活多么美好、甜蜜、单纯……道别时,我只能哭泣,紧紧握着你的手,向上帝祈祷。"甚至在离婚协议生效之后,沃利斯还依然给他写信。就在她和爱德华1937年那次颇受争议的德国之行期间,她写道:"无论你身在何地,你都要相信,没有哪天我不花几个小时去想你。"

这些信件揭示的与我们先前所知正好相反,沃利斯并不想嫁给爱德华。它们还暗示,她与欧内斯特的离婚并不合法,至少可以说是两人刻意谋划的结果,他与玛丽的"通奸"是精心排练的一场戏。还有匿名受访者泄露出来的欧内斯特写给他母亲的信,也证实了这一点。它们描绘出沃利斯当时的形象:"一个溺水的女人,奋力挣扎也无济于事,只能责怪所有人,责怪所有的事情,尤其责怪那些'古板的英国人'和玛丽。"

但事实上,她最终接受了命运,嫁给了爱德华,并至死不渝地忠诚于他。这也让我们看到,沃利斯不得不吞下自己亲手种出的苦果时,她所表现出的非同寻常的力量、勇气和决心。

▲ 政府官员跟踪沃利斯,试图摸清她的情人们。这份秘密文件显示,她跟一个名叫盖伊·特兰德尔的汽车销售员有染的传说,被证明确有其事

适宜"。但爱德华却是吃了秤砣铁了心。三天后，当着他的几个弟弟的面，英国国王签署了逊位诏书。12月11日，他向整个世界发表了那篇让王室名誉扫地的广播讲话。

1937年5月，沃利斯的离婚手续办理妥当，隔月她就和爱德华在巴黎东部的康代城堡举行了婚礼。他们的婚礼日期是6月3日，这天恰好是国王乔治五世的生日，玛丽王后相信这是有意的怠慢之举。他们的婚礼没有王室家人出席。爱德华退位后被封为温莎公爵，所以沃利斯顺理成章地做了温莎公爵夫人。但是，她可不愿摆出她丈夫的那种"殿下"派头，至少，出了家门不行。在奥地利度蜜月期间，她仍然给欧内斯特写信说："我试图不去想，但是我们俩之间的点点滴滴还总会浮现在我的脑海。我常常放心不下：你身体怎么样？生意做得如何？诸如此类。若是你愿意跟我讲一讲，我也会非常愿意收到你的来信。"

11月，欧内斯特宣布与玛丽结婚，彻底断了沃利斯的念想，她终于接受了自己的命运。她和公爵住在法国，直到1940年5月，德国入侵，他们被迫逃往西班牙，随后又搬到葡萄牙。7月，公爵被任命为巴拿马总督。很多人认为，这是英国政府的一个策略，避免二人与纳粹接触。

他们在那儿一直待到战争结束，才终于返回法国，过起了退休生活。他们很少回到英国，沃利斯多次明确表示，她不希望参与任何王家事务。"我讨厌那个国家。到死我也会讨厌它。"王室家庭也压根儿不希望她加入。1952年，乔治六世去世，爱德华独自参加了葬礼，而到女王伊丽莎白二世加冕时，他和沃利斯谁都没有到场。1972年，爱德华因喉癌去世，享年77岁，举行葬礼时，沃利斯终于被邀请来到白金汉宫，但只待了三天。

晚年的公爵夫人深居简出，身体虚弱，且患了痴呆。她的律师苏珊娜·布鲁姆伪造授权委托书，把沃利斯的很多财物低于市场价卖给她自己的朋友们。1980年，沃利斯丧失了语言机能。在人生的最后时日，她完全卧床不起，除了医生和护士之外，没有一个人来看望她。1986年4月24日，她的生命走到了尽头。她的葬礼获准在温莎城堡的圣乔治礼拜堂举行，现场有好几位王室家庭成员，其中包括她的宿敌伊丽莎白，现任女王的母亲。她被葬在爱德华的身旁，她的墓碑上刻着"沃利斯，温莎公爵夫人"。这是她一生中的第四个称呼，也是她唯一不想要的名头。

沃利斯还在思念她的丈夫欧内斯特，渴望回到他的身边。

国王的演讲

王冠有可能落在伯蒂头上，但问题也随之而来：
他能面向全国公开讲话吗？
不过，一个人的出现，让这位新任国王满怀信心走上前台。

文／琼·伍勒顿

艾伯特由约克公爵摇身一变，成为国王乔治六世，两天后，坎特伯雷大主教发表了一篇公开讲话。他对新任君主说了一通溢美之词，却又补充了一句："民众听他的演讲，会注意到他的话语中偶尔会有片刻的迟疑。"这时，大多数人才意识到科斯莫·戈登·兰提及的"迟疑"。当然，他的初衷是想为刚刚继位的伯蒂解围。但是，有一位听众却非常愤怒，这个人就是莱昂内尔·罗格。他努力多年终于帮助这位新国王克服了口吃，但现在，他担心那些善意的言辞会让国王前功尽弃。毕竟，此时国王最需要的，是他得来不易的自信。

口吃给伯蒂带来许多问题，其根源就在于他缺乏自信。通过一些有助于积累信心的技巧，加上呼吸方面的训练，罗格已经成功让这位王子兼好友可以像私下谈话一样平静地对待公开演讲。其实，他的进步非常之大，甚至在1934年，一位记者评论说，约克公爵的公开讲话虽仍有停顿，却为他的发言增加了"严肃性"，而以前，据这位作者说，那些停顿"令人不安"。

伯蒂已经有了长足的进步。但是，兄长退位让君主制度面临危机，他虽继承王位，迎来的却是空前的挑战。他的压力太大了。登基伊始，在圣詹姆士宫面向就职委员会讲话时，他的焦虑就一目了然。打印好的短短几句话，他读得犹犹豫豫，频频卡壳。考虑到自己拥有新的身份后，未来将要在加冕礼上说出的古老誓言，以及以后要向帝国民众发布的广播讲话……他又一次找到莱昂内尔·罗格。

其实，这位出生于澳大利亚的语言治疗师并非远在天边，而是近在眼前。1926年，他首次进入王室圈子，当时，约克公爵在大英帝国博览会闭幕式上极其艰难地做了发言。自那以后，罗格就一直是伯蒂的好朋友和坚定的支持者。他们定期会面，随着加冕礼临近，两人更是加强了训练。这将是对伯蒂自儿时口吃以来的最大一次

▲ 国王乔治六世面向大英帝国发表他的加冕讲话。虽然他有些矜持,但演讲还是大获成功

考验。

王子口吃打小就很明显。艾尔丽女士来到他父母家里做他母亲的侍女时,她马上就注意到了。她写道,伯蒂很腼腆,不爱说话,但是与她处熟了以后,"他跟我讲话都很正常,一点儿也不结巴"。当时,王子刚6岁。随着年龄增长,口吃越来越让他感到难为情。1908年,在奥斯本王家海军学院接受采访时,开头结结巴巴了半天,他才镇定下来。但是,他身边的很多人亲眼看到他一阵阵的怒形于色,难掩口吃给他造成的失望和羞怯。

伯蒂自己也越发意识到,每当他放松下来,口吃的毛病就会大有好转,几乎完全消失。1913年,一项海军训练任务使他有机会登上王家舰艇"坎伯兰号"随行出访,途中停靠牙买加,王子受邀讲话,结果却磕磕巴巴。而到了行程的终点加拿大,格外放松的王子注意到,在和朋友们一起玩乐时,他几乎一点儿都不结巴。

二十出头时,随着他所承担的家庭义务的增多,他发现,正式场合的讲话更容易引起他的口吃,而与人即兴交谈却很少出现结巴的情况。然而,若是碰到他所敬畏的人,比如他自己的父亲,即使是最基本的聊天,也会让他口吃的毛病卷土重来。

早在1919年,伯蒂就咨询过不少语言治疗师,试图彻底根治他的口吃,到了20世纪20年代,他又看了各类专家,但都无明显效果。一些不拘泥形式的工作给他带来不少快乐,但是那些

▼ 1938年,在战争的幽灵笼罩欧洲之际,乔治和伊丽莎白对法国的国事访问,肩负着重要的外交使命

郑重其事的国家公务依然令他非常烦躁，他甚至开始害怕那些场合，经常会在讲话中结结巴巴。私下里，他毫不讳言，他为那些不得不做的发言而感到焦虑。1925年，他告诉朋友和家人，他害怕但又不得不在伦敦大英帝国博览会上发言。他的讲话让人听起来痛苦不堪，也让伯蒂在之前和之后都焦躁不安。然而，这也是他与口吃斗争之路上的转折点，因为他的听众中就有莱昂内尔·罗格，他刚在伦敦安家。

1880年，罗格出生于澳大利亚的阿德莱德，十几岁就师从爱德华·里夫斯学习辩论术，后来做了他的助教。20世纪初，他搬到珀斯，很快就在指导辩论和演讲方面名声鹊起。他与他的太太默特尔一道，几次游学海外，专攻演讲术；但真正使他扬名立万的，是他在帮助那些患炮弹休克症的"一战"老兵方面所做的伟大工作。罗格想方设法帮助他们克服语言障碍，这是他们在战壕里形成的心理创伤所导致的。他的友善，他愿为他们重建自尊的那份决心，作为他治疗方案的一部分，给他带来很高的声望，虽然并没带来多少财富。1924年，他与默特尔带着三个孩子来到伦敦，定居在哈利街，不久，伯蒂就找上门来。

刚开始，这位第二顺位王位继承人并不情愿再接受任何治疗。但有人向他极力推荐罗格。1926年10月，在他的妻子伊丽莎白的鼓动下，约克公爵终于同意试试这位医师。当时，夫妻二人都是火烧眉毛，一副死马当活马医的心态。第二年伊始，他们就要踏上为期6个月的海外巡访之旅，其中包括对澳大利亚的访问。该国首相斯坦利·布鲁斯已经表达了他

▲ 莱昂内尔·罗格，这位澳大利亚的语言治疗师与伯蒂合作，让未来的国王信心倍增

的关切，他认为，口吃和由此而生的焦躁情绪，证明伯蒂远非这样一次高调出访的理想人选。

1926年10月19日，约克公爵与莱昂内尔·罗格初次相见。这位语言治疗师后来写道，那次会面结束时，"伯蒂心中又升起了希望"。

罗格的治疗效果立竿见影。他指导伯蒂大声发出元音，借助绕口令练习嗓音，还教给他一套呼吸方法，让他每天坚持锻炼。但是，他的治疗方案中最重要的部分，当数他的心理疗法。罗格鼓励伯蒂正视口吃，相信它是能够治愈的一种疾病，是他自己能够掌控并最终解决的一个问题。

接下来的10周，二人几乎天天见面，到了1926年圣诞节，治疗效果已经人人皆知。伯蒂自己写道："现在，我掌握了正确的呼吸方法，我再也不害怕讲话了。"

新找到的这份自信让他的澳大利亚和新西兰之行大获成功。本来，罗格受邀与公爵和公爵夫人同行，但他拒绝了，并解释说，重要的是伯蒂要学会依靠自己。从此以后，无论心中有多少

罗格鼓励伯蒂正视口吃，相信它是能够治愈的一种疾病。

▲ 伯蒂发现有时与他的父亲乔治五世沟通不畅

至死不渝的友谊

乔治六世去世后，一些信件显示，
莱昂内尔·罗格不仅仅是国王的一位顾问

国王乔治六世的葬礼结束几周后，莱昂内尔·罗格给太后陛下写信，表达了他的哀伤。但这绝不是一封朝臣致太后的正式信函，而是一封私人之间的短笺，从中可以看出这位语言治疗师和王室一家结成了多么深厚的友谊。

罗格告诉太后："能有机会帮助国王陛下克服语言障碍，我深感荣幸。他所付出的努力之巨大，他所取得的成就之辉煌，都无人能及。"他还称赞这位王太后："您是他坚强的后盾。"

过了几天，王太后给罗格回信说："或许我比谁都清楚，您对国王的影响何等重要。您不仅帮他战胜了口吃，而且使他整个人生都充满希望。"又说："您为他所做的一切，我一直心怀感激。"

这份感激之情早在乔治六世去世之前的王室册封中已经有所体现。1937年，伯蒂给罗格颁发了一枚王家维多利亚勋章；1944年，国王又授予他的好友爵士头衔。

▲ 丈夫去世，太后开始了寡居生活，这时她收到莱昂内尔·罗格安慰的话语

波澜，王子都深藏不露。几乎一到新西兰他就应邀发表了讲话，其效果堪称完美。而他在与罗格的合作中所取得的进步，还不仅仅是他的演讲能力。

多年来，伯蒂一直与父亲沟通不畅，而现在两人聊天的时候，他开始放松多了，以至于乔治五世说，"跟他交谈了好几回"。约克公爵告诉罗格，他跟父亲谈了很多，"毫无问题"。

伯蒂和罗格坚持定期会面，王子每次都大有收获。虽然缺少他的兄长威尔士亲王讲话时那种天资卓绝、魅力四射的风采，但他的发言自然流畅，也深受好评。他不再害怕接触民众，也敢于跟那些参加公务活动的大人物闲聊。即使在1936年1月，国王乔治五世驾崩，他成为王储时，他也是一如既往满怀信心地面对公众。但是，爱德华八世退位危机使他又一次陷入焦虑的旋涡。他即位后的那几天，见过这位新国王的人都说，他一直神思恍惚，为正在发生的种种变化而苦苦思索。

无论如何，有一项变化他拒绝接受。针对新

伯蒂最艰难的一次演讲

有一次讲话让约克公爵比其他任何一次都更焦躁不安，
他的每一个字都牵系着帝国的神经

大英帝国博览会堪称当时的盛事之一。这一盛会自1924年4月到1925年10月在文布利举行，吸引了1700多万人参观。与此同时，主办方希望借此促进贸易，加强帝国内部各国之间的联系。乔治五世为博览会揭幕，而威尔士亲王爱德华担任组委会主席。但是，在1925年10月31日的闭幕式上，面向大英帝国发表讲话的任务落到约克公爵艾伯特头上。

几个星期以来，他一直心里打鼓，害怕站到麦克风前。他给父亲写信说："我真希望做好……但是恐怕我会怯场。"腼腆的约克公爵不仅要站在现场的成千上万人面前，还要被麦克风团团包围，因为他的讲话要向整个帝国广播。

焦虑的心情令伯蒂表现得一塌糊涂。他的讲话自始至终结结巴巴，他越是急于结束发言，那一个个单词就越是像难以逾越的屏障。乔治五世写信给他的一个孩子说："伯蒂完成了他的演讲……但是中间有些停顿过长。"这是一次痛苦的经历，但同时也让约克公爵下定决心，一定要战胜口吃。

▲ 伯蒂和伊丽莎白轻松愉快地出席大英帝国博览会。但他在闭幕式上的演讲对他和他的家人来说都是一场磨难

国王的言语障碍问题，坎特伯雷大主教曾试图帮他解围，这时又在暗中出谋划策，他建议乔治六世换一位新的治疗师帮他准备加冕礼。伯蒂坚决不同意，他几乎第一时间又找到罗格，二人立即开始合作，以保证他的加冕礼顺利完成。

两人要做的工作很多。其实，在专业性的合作训练一开始，他们就发现，乔治六世很讨厌某些词，一想到要说那些词就会让他十分紧张，他的口吃就会加重。在他很难讲出口的词当中，包括"国王"和"王后"，于是他们就给换成"陛下"。每当重大演讲之前，他们都要从头至尾过滤一遍，剔除一些让他感到焦虑的词，理顺发言稿，从而保证他在讲话时轻松自如，毫无压力。不过，两人都知道，加冕典礼上那古老的誓言是不能更改的。所以，他们开始了一轮集中模拟训练，尽可能反复操练某些词和短语，直到国王能

▲ 执政伊始，乔治六世和伊丽莎白王后的人气迅速攀升。1938年他们出访兰开夏，民众纷纷夹道欢迎

▲ 1939年，战争日趋逼近，乔治六世不再为麦克风和公开演讲担惊受怕，这在很大程度上要归功于王后坚持不懈的支持和鼓励

够不假思索地说出而又心情舒畅。

罗格将亲临威斯敏斯特大教堂的加冕典礼，观看和聆听乔治六世在成千上万的民众面前庄严宣誓。现场还有大约40台新闻媒体的摄影机，将拍摄整个仪式过程。诺福克公爵和坎特伯雷大主教坚持要求，对发往世界各地的影音资料中的内容拥有最终决定权，以备他们不得不剪掉国王讲话中口吃的部分。结果，其他人也好，罗格也好，都大可不必担心。国王的演讲字正腔圆，堪称完美。

然而当天，伯蒂还要经历另一场考验。加冕之后的晚上，他要向整个大英帝国发表现场直播讲话。又是几个小时，罗格陪他一起排练，同时他也得到罗伯特·伍德的大力支持。这位BBC的音响师耐心向国王演示，如何最大程度利用好麦克风，终于帮他克服了播音设备带来的焦虑。尽管排练时出现一些卡顿，国王乔治六世还是一字不差地完成了他的演说。

历经一年的风雨飘摇，温莎王朝总算稳定下来。作为一位可靠的、值得信赖的君主，乔治六世慢慢树立起他的威望。但即便如此，国王还必须在他良好的起点上有更多建树。对于即将到来的首次议会演讲，他十分忧虑，担心他在坐姿情况下的"王室发言"可能用不上他之前公开演讲时所依赖的那些呼吸技巧。还是在罗格的指导下，国王卸掉包袱，又一次讲得铿锵有力。在

随着战争气息愈加浓厚，乔治六世为了应对将来的战局而广交朋友。

▲ 1939年，大战爆发，乔治六世的演讲沉着而自信，极大振奋了国民的信心

这位语言治疗师的帮助之下，他还成功发表了1937年圣诞广播讲话。尽管国王的话语听起来那么平静自如，但是他的言语间透露出，公开演讲仍会给他带来很大压力。他告诉他的听众，他根本不打算每年都做这样的节庆讲话。

那也无妨民众越来越喜欢这位新国王和这个年轻的王室家庭。"我们四个"（这亲热的称呼出自伯蒂之口）迅速成为媒体和公众的宠儿。每次他们公开露面，都有大批民众前来一睹国王和王后的风采。1938年，他们对法国进行了一次国事访问，随即他们的魅力开始风靡欧洲大陆。伊丽莎白因为诺曼·哈特内尔为她设计的那身行头而大受追捧，同时，她的丈夫则做了一系列演讲和发言，这些艰难时期的外交努力一直为人称道。随着战争气息愈加浓厚，乔治六世为了应对将来的战局而广交朋友，这证明他是一位务实的政治家。

很快，罗格得到指令，要协助国王准备迄今为止他生命中最重要的一次演讲。1939年9月，英国对德宣战，乔治六世向全国发表讲话，他的声音沉着而稳重。此刻，他已备受拥戴，江山牢固。这一切，莱昂内尔·罗格功不可没，正是他，把那个腼腆又口吃的伯蒂变成了一位享誉全球的政治家。

▲ 纪念罗格的牌匾。他的工作以及他对乔治六世的影响至今为人所称道

从空袭到胜利：乔治六世的背水一战

希特勒的铁蹄肆意践踏欧洲大陆，英国国王成为抗击法西斯主义的一面旗帜。

文 / 丹尼斯·贾德

在第二次世界大战事关生死存亡的危急时刻，作为国家元首，乔治六世表现得异常坚定而又积极，他带领全国人民以及大英帝国和英联邦各国，最终战胜了以纳粹德国和日本帝国为首的轴心国。但是，在他的哥哥爱德华八世于1936年愤然退位，他刚刚成为帝国新君时，政府高层也有一些怀疑的声音，担心乔治可能无法胜任他的工作，即使是在和平时期。首相斯坦利·鲍德温倒是比较理性，他认识到："人们对他存有很大偏见。他根本没有机会像他的哥哥那样树立公众形象。恐怕最初一两年他的工作不会得心应手。"

初登王位的乔治六世十分焦虑不安，但是媒体，尤其是英国媒体，很快就帮他解了围。在报纸的头版赫然出现的是新入主的王室一家其乐融融的画面：一对恩爱的夫妻，两个讨人喜欢、美丽端庄又健康活泼的女儿，或在花园里嬉戏，或在客厅围着熊熊的炉火，读书、闲聊、抚摸一条狗……做着无数的豪门大宅或乡野村舍中千百万人很可能都在做的事情。不管怎么说，乍一看，貌似这只是一个住在郊区、幸福美满而不事张扬的四口之家，令人不由得顿生亲近之感。随着"二战"的爆发，国王和他的家人与英国民众一样，每天都要面临各种危险和纷扰，这样的画面更是深得人心。

虽然登基不到三年就爆发大战，但国王乔治顶住极大的压力，成功化解了战争期间王

▲ 乔治六世与他的家人和狗在温莎城堡

权所受到的挑战。最值得称道的是，他在1936年后，能立即适应急剧变化的形势，接受作为一个君主义不容辞的使命。虽说早年并非嗜书如命的饱学之士，但乔治六世继位后表现出了非常强的学习能力，他的君主生涯很快就步入正轨。

他也明白，作为立宪制君主，他的作用和影响力都有局限。虽然经过与语言治疗师莱昂内尔·罗格合作，情况已大有改观，但他公开演讲时偶尔还会有所卡顿。他无法借助夸张的修辞和生动的意象来制造声势，号召和鼓舞广大民众。

不过，他所发表的演讲（多由BBC对外广播）朴素而洋溢着真诚，避开那些花哨的技巧，反而更加深了他与英国国内、英联邦各国及大英帝国广大听众之间的联系。

他不愿浪费时间对战时政策指手画脚，也从未或明或暗地阻止他并不赞成的那些政策的推行。那不是他的角色，也不是他的义务。毕竟，1940—1945年间，他的手下有一位了不起的首相，温斯顿·丘吉尔。后者完全掌管了重大政策和战略的制定，两人还建立起一种超乎寻常的亲密而又颇具创造性的关系。

或许出人意料的是，乔治六世一直对战争之初首相内维尔·张伯伦的辞职深感遗憾。随着法国在意外的强攻之下迅速沦陷，战前张伯伦对希特勒的绥靖政策彻底变成一堆废纸，随后他于1940年5月被迫辞职。国王对此深感不安，写

丘吉尔着手成立战时联合政府,其中,占主导地位的保守党和工党、自由党人士起到关键作用。

道:"这对张伯伦很不公平,他做了那么多有益的工作,却得到这样的结局。"这由衷的一叹,一方面反映出国王曾极力支持张伯伦采取冒险的绥靖政策,另一方面,也表达出他对与前首相之间良好工作关系的依赖和对接下来与新首相如何相处的隐忧。

虽然有些勉强,但国王还是邀请丘吉尔继任首相。他认识到,"要组建政府,我只能去请一个人,一个对国家充满信心的人,那就是温斯顿。"于是,丘吉尔着手成立战时联合政府,其中,占主导地位的保守党和工党、自由党人士起到关键作用,反对党领导人克莱门特·艾德礼(Clement Attlee)担任副首相。

乔治六世之所以在任用丘吉尔这件事情上颇有疑虑,一个原因就是,他早已看出这位新首相带有几分政治狂人的色彩,过于圆滑,不是一个能让国王完全信任的人。丘吉尔会毫不犹豫地改变政治立场,反对本党的政策,如20世纪30年代的印度独立进程,对于绥靖政策,他更是横加指责。逊位危机中,丘吉尔也是爱德华八世的坚定支持者。再者,二人性格也大相径庭:国王乔治六世生来害羞,谦虚谨慎,经常愁苦满怀;丘

▲ 卖报人手持大幅海报,上面写着已开战的消息

▲ 1942年，美国总统夫妇访问伦敦，乔治六世和伊丽莎白王后款待第一夫人埃莉诺·罗斯福

吉尔则热情洋溢，锋芒外露，显然对自己的卓越才干充满信心，虽然偶尔也会受到阵发性抑郁症的困扰，但他毫无疑问是一位浑身散发自信的领袖级人物。

事实上，可以说是乔治六世成全了这位豪爽、能言善辩且富有传奇色彩的战时首相。很快，国王就"怀着喜悦，期待首相的觐见。他总有办法卸下压在人们心头的重负。到了1940年9月，正式的接见已经被每周二的午餐会替代。国王和首相一边从身旁的小桌上自己拿吃的，一边从容地商讨国事，偶尔会被一阵空袭打断。"1941年2月，国王在他的日记中写道："我再也找不出更好的首相了。"两人风格迥异，这可以通过1942年的一件事情得到完美的体现。当时，北非阿拉曼决战已经打响，丘吉尔正在白金汉宫进餐。意识到第八集团军和英联邦军队与隆美尔的非洲军团之间正在展开一场关键之战，首相急得抓耳挠腮，露出一副紧张的模样。后来，他终于坐不住了，起身奔出房间，给唐宁街10号打电话询问消息。回来时，他喜不自胜，尽情地大声唱起《搬出酒桶来》。

随着法国投降，英国以及大英帝国和英联邦各国的民众不得不做好准备，迎接"孤军奋战"的考验。面临严峻的形势，他们似乎也更需要一位铁腕首相和一位英明君主的联合领导。这位首相总是洋溢着自信，善于从英国历史的往日辉煌中汲取力量，从而唤起民众支持。而这位君主，即使空袭期间，白天也坚守伦敦，还为国家经济着想，认真地花时间给白金汉宫所有的浴盆里面都画出了线，标明洗澡的热水不能超过那一高度。令人钦佩的是，国王一向简朴，不尚奢华，坚持与战时的臣民同甘共苦，王家宫殿也一律严格执行食物配给政策。有一次午餐，国王用一个三明治招待他的客人，还调侃道："我不知道里面夹的是什么，也许是锯末吧。"他通常喝生啤酒，但有一回，迎接丘吉尔的时候，他拿出一瓶难得一见的法国葡萄酒，却死活不肯透露他从哪里搞到的那瓶酒，惹得首相有些不快。

国王不愿被人看到自己生活受战时紧缩政策的影响，这不只是为了在一定程度上与他的大多数臣民同呼吸共命运，更是出于一种追求体面而正当的生活的自觉。外国客人有时会对王家的生活条件颇感诧异。1942年秋，富兰克林·D.罗斯福总统的夫人埃莉诺·罗斯福来到破败不堪的白金汉宫时，不无惊奇地在她的日记中写道："我不知道他们是怎么排湿的。房间里很冷，只在小小的客厅生了壁炉。每个房间只有一台小型电暖气。"罗斯福太太还注意到，国王和王后都患了感冒，吃的东西只有人造鸡蛋和根茎类蔬菜制成的各种饼和酱。虽然这是最基本的、在罗斯福太太看来有些不可思议的战时伙食，但令人瞠目的是，它们端上来的时候，全都盛放在金盏银盘中！

媒体也会宣传乔治六世年轻时的英勇事迹，给处在"二战"带来的压力和担忧之下的英国民众打气。1916年，他在王家舰艇"科灵伍德号"上，作为王家海军候补少尉参加了日德兰之战。这是第一次世界大战中最重要的一次海战，影响极为深远。为保持王室成员积极参战这一传统，伊丽莎白公主在战争接近尾声时加入ATS（陆军非作战勤务团，战后更名为女子军团），成为一名卡车司机，并且在火花塞点火方面颇有一套。而此时，斯特普尼、考文垂和普利茅斯等地的排房正纷纷化作齑粉，白金汉宫也在狂轰滥炸中遭受一定程度的损毁。

王室一家决定不在伦敦之外另寻安全之所，而是决心与国民一起迎接战时考验，尤其是在纳粹德军疯狂轰炸伦敦以及其他大城市和国家基础设施之后，共同面对残垣断壁。战争期间，两位公主大多睡在温莎城堡，但国王（经常和王后一起）不顾安危，坚持留守伦敦。

1940年，德军炸弹两次击中白金汉宫。其中第二次，两颗炸弹落进一处院子，距离国王和王后不到30米，当时他们正坐在那里跟一位工作人员说话。事后，国王在日记中写道："我们彼此扫了一眼，随即以最快速度钻进通道，整个过程也就几秒钟。我们都不知道为什么自己竟然没死。"伊丽莎白王后的反应则更为直白而诚实："遭到轰炸令我们很欣慰。这下子我们可以直面东区了。"

战争期间，这对王室夫妻多次走访被炸城市，视察军火工厂和军事设施，频繁出现在公众面前，而且尽可能不拘礼节。比如，1940年9月，白金汉宫首次被炸弹击中的第二天，国王来到已经被炸得千疮百孔的伦敦东区。据报道，

▲ 1940年的一次空袭中，一架德国轰炸机掠过伦敦标志性的泰晤士河

历经战争洗礼的温莎家族

乔治在战争中的作为至今仍被人称道，他的家人们又是如何表现的呢？

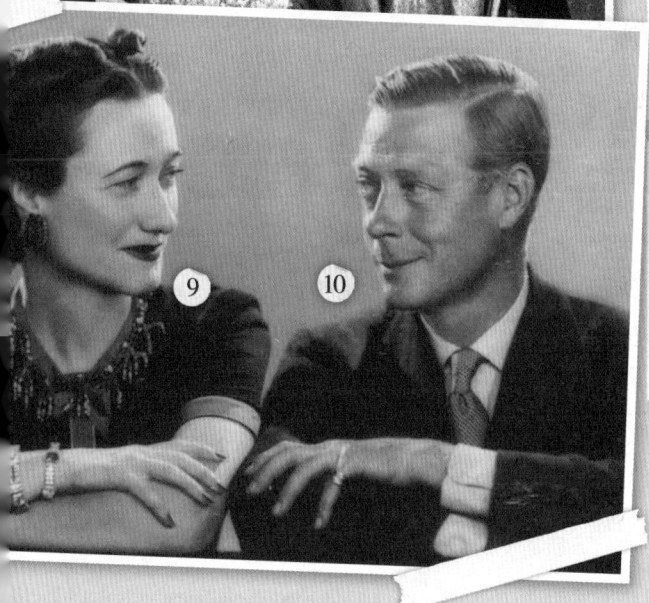

1 玛丽公主殿下
（1897—1965）

玛丽公主是国王唯一的妹妹，陆军非作战勤务团的主管，后任指挥官。她积极走访ATS下属各单位以及各级战时食堂和福利组织。

2 爱丽丝，格洛斯特公爵夫人
（1901—2004）

爱丽丝在红十字会和圣约翰骑士团中都有工作。她是王后的副手，担任护士团总指挥。战争开始后，她被任命为空军女子辅助队（WAAF）队长，1943年，成为其主管和总指挥。

3 亨利，格洛斯特公爵
（1900—1974）

国王的弟弟亨利王子一直供职于英国陆军，1937年升为少将。战争开始后，他被任命为派往法国的英国远征军总联络官。1942年，他被下议院提名为陆军总司令，但迅速被否决。

4 玛格丽特公主
（1930—2002）

尽管年龄太小不能加入ATS，但玛格丽特公主经常出现在各种鼓舞士气的媒体照片当中，比如，照管她和姐姐共同领取的一些配给物品，以及学习如何操作手摇抽水泵灭火，等等。她也经常出现在一家人的合影中。

5 伊丽莎白公主
（1926— ）

这位现任英国君主，在1940年制作了一档非常受欢迎的战时BBC广播节目——《儿童时光》。她也经常出现在媒体的照片当中。1945年，她成为ATS的一名少尉，学会了驾驶和维修军用卡车，尤其擅长火花塞点火这一科目。

6 伊丽莎白王后
（1900—2002）

作为国王的贴身伴侣，战争期间她的主要任务就是在她的丈夫参加许多战时活动时给予坚定的支持，尤其是在走访被轰炸地区时，通常要表现出君主一家和普通民众一样，为了胜利而积极奋斗。她那阳光的性格，是提振国民信心必不可少的强大因素。

7 乔治，肯特公爵
（1902—1942）

国王最小的弟弟乔治王子，战争爆发后被任命为王家空军少将。乔治是一位富有感染力的演说家，比如1941年赴美时，他甚至直接向马里兰州巴尔的摩的航空工人发表讲话。不幸的是，在1942年的一次公务出访中，他乘坐的飞机坠毁在苏格兰高地，当场丧生。

8 玛丽娜，肯特公爵夫人
（1906—1968）

1942年丧偶后，公爵夫人继续扮演着重要角色，积极推动红十字会和急救服务队的工作。1943年的一幅照片显示了她在位于伦敦的盟军俱乐部参加军人歌咏会时的情景。

9 沃利斯，温莎公爵夫人
（1896—1986）

"二战"开始前被认为与纳粹政权过从甚密，但后来她一直忠诚履行她的义务，帮助她的丈夫完成了巴拿马总督的王家使命。

10 爱德华，温莎公爵
（1894—1972）

1937年他曾不明智地出访纳粹德国，还被拍到与公爵夫人一起受到容光焕发的阿道夫·希特勒的热烈欢迎，但是这位前国王在"二战"爆发后还是衷心希望为自己的祖国效力。在西班牙马德里度过一段基本上无所事事的时光之后，他终于在1940年被任命为英国海外殖民地巴拿马总督，一直任职到1945年。

他在现场说："不错,真的不错,大家都很勇敢。"玛格丽特·普赖斯太太正忙着清理坠落满地的碎片(爆炸地点距离她的房子80米),这时国王走了过来。"天啊!"她惊叫道,"不会是国王吧,我这儿这么乱!"她跳了起来,兴奋地冲他摆手,国王也向她微笑致意。国王陛下爬过一大堆杂物,仔细查看一幢幢残破的房屋。"好样的,伙计!"一个工人朝他大声喊道。在一条大街上,有位妇女冲破人群,抓住国王的手,说道:"陛下,上帝保佑你,也保佑王后和公主!"乔治大为感动,握着那位妇女的手,向她表示谢意。1941年4月,《每日镜报》刊登了一幅照片,国王和王后微笑着站在一群东区居民中间,而那些人也面带喜悦望着国王夫妻,下面配有文字:"瞧!国王、王后、警察、孩子、群众……没有一个人愁眉苦脸。"

战争期间,除了这样一些鼓舞士气的活动,乔治六世还在其他方面付出了非同常人的努力。他多次走访陆海空三军的各级单位,不但到国内各地视察,如果条件允许,他还巡访海外。只要有可能,他都坚持为战斗部队所有立功人员亲自颁发荣誉勋章。他还不知疲倦地走访工厂、车间、煤矿、码头以及与战事有关的各个地方,毕竟,平民百姓都在出力,很多女性也加入进来。他非常关注细节,他对某些技术细节的了解经常让那些管理者和工人大吃一惊。有一次,当得知

▲ 报纸头版对白金汉宫遭德军轰炸的报道

▲ 轰炸过后，乔治和伊丽莎白视察白金汉宫的损毁情况

严重缺乏制造反坦克大炮的某些零部件时，他就在温莎城堡里安装了一部机床，经常趁周末在上面鼓捣。他还设计了一枚新的奖章——乔治十字勋章，用以表彰在战事中表现英勇的平民。

随着战事的发展，政府出台与日常生活相关的一系列强制措施。正如历史学家A. J. P. 泰勒所言："国王喜欢照章办事，而战争带来很多新规，这下他可有事做了。"在灯火管制期间，不管住在哪个宫里，他都坚持出门查看，确保窗户不漏丝毫光线，检查那么多窗户，这可绝不是小活儿。在公众面前，他总是一身军装，但私底下，他更多是用战前的那堆旧衣服凑合，实话说，也真不少。每当他的衬衫领子和袖子磨破了，他就让裁缝用衬衣的下摆剪出新的换上。

意识到德国有可能企图绑架他，他还未雨绸缪，经常在白金汉宫的射击场上加强左轮手枪的射击训练。坐在行驶的公务专车上时，他身边总是放着一把斯特恩式轻机枪。可以想象，一旦遭遇敌人袭击，他必然会挺身决战。国王早已明确表示，面对德国入侵，他宁愿为祖国战死沙场。

国王也对更广阔的战场产生了深远影响。事实证明，他是英国政府的真正财富，他与各国、各派系的文职和军队领导人进行了卓有成效的联络，对于最终组建反法西斯大联盟功不可没。自始至终，他都表现出极富耐心且娴熟得时常令人惊讶的外交技巧。他是宪法意义上的帝国之王，这一身份也让他成为地域广阔、种族众多的环球帝国中一个至关重要的灵魂式人物。

▲ 1941年5月10—11日的空袭过后，伦敦沃尔布鲁克的景象

作为曾在"一战"中亲临前线的老兵，国王特别热衷于走访各个战区的英国和英联邦军队。很显然，这样的行程不可能安排在激战正酣时，但1943年的那次出行，堪称最有意义的王室巡访之一。当时，他是要去北非慰问获胜的盟军部队，谨慎起见，出发前他留下一份新的遗嘱。日程中还包括一次马耳他之行，国王要去那里颁发乔治十字勋章，以表彰战场上新近发生的英雄事迹。忍受着途中炎热的炙烤和胃肠的不适，国王一共奔波了大约10800千米。成千上万的军人热烈欢迎国王到来，那情形一如他自己的叙述：

"……被团团围住，与他们亲切交谈，询问他们的战斗经历。这时，战士们突然唱起《因为他是个快乐的好人》。"

1944年夏天，随着诺曼底登陆日的临近，乔治六世发现自己陷入与丘吉尔之间的一场意志较量。起因是首相决定亲随联军渡过海峡，而国王本人也希望亲临现场，这让事情变得更加复杂。最后，乔治六世不得不当面威胁说，他要驾车赶往登船地点，这才打消了丘吉尔扬帆奔赴诺曼底的念头。

"二战"的最后几个月，随着1945年7月工

两颗炸弹落进一处院子，距离国王和王后不到30米，当时他们正坐在那里跟一位工作人员说话。

1943年的国王巡访

战争期间，乔治六世出访马耳他和北非

战争爆发后不久，国王曾走访过驻扎在法国的英国远征军，但1943年他的北非之行，是在阿拉曼战役刚刚取得对隆美尔非洲军团的决定性胜利之际，所以情况大不一样。这是一次难得的庆功之旅。国王受到热烈欢迎，他无拘无束地走在第八集团军（俗称沙漠之鼠）各单位以及其他盟国部队中间，不时停下来倾听战士们讲述他们各自的战斗经历。

他在北非接见的联军领导人包括：亚历山大将军和蒙哥马利将军，以及法国自由军的领导人戴高乐将军和吉罗将军。英联邦军队是第八集团军的重要组成部分，主要来自印度和南非。尽管沙漠地区酷热难当，将近5000千米的行程近乎受刑，他还是成功走访了表现英勇的马耳他殖民地，并为有功者颁发了乔治十字勋章。一幅王室出访马耳他的照片显示，国王的黑色奥斯汀轿车驶过时，首府瓦莱塔满目疮痍的大街两旁，密密麻麻挤满了狂欢的人群。不管前方的路多么漫长，多么艰难，人们有理由相信，随着美国和苏联加入大联盟，最后的胜利一定会到来。

▲ 国王乔治与英国第八军团的蒙哥马利将军在利比亚的黎波里

▲ 欧洲胜利日到来,万众欢庆

▲ 伦敦的一个街头派对，欢庆欧洲胜利日

国王特别热衷于走访各个战区的英国和英联邦军队。

党在大选中以压倒性优势获胜，国王不得不再次适应一位新的首相。一如1940年的情形，失去一位他信赖的同事，乔治六世不无忧伤地写道："丘吉尔的下台对我打击很大。"然而，也像以前一样，国王很快就认可了继任的首相。谦虚、严谨而又精明的克莱门特·艾德礼颇得国王的赏识，但刚开始时，两个生性腼腆的男人之间却有过几次尴尬的冷场。

艾德礼高度评价国王对"二战"最终获胜所做出的贡献。他总结道："与他共事时间越久，我越是难掩对他的钦佩……危难之际，天降大任于他。他心无旁骛，不论阴晴……一心忙于工作。他为公众事务付出多少时间和辛劳，又有几人知道？面对各种问题，他如数家珍，令国外友人也频频称奇。正是这样的明察秋毫，使他拥有了良好的判断和准确的直觉，让他牢牢把握着大局。"

▲ 欧洲胜利日当天，人群聚集在白金汉宫外，乔治六世、他的家人和温斯顿·丘吉尔一起来到阳台挥手致意

温莎王朝的新纪元

207

166

209

192

185

171

154	后继有人	190	乔治六世病逝
157	王子、纳粹及破碎的家庭	197	玛格丽特公主的禁忌之恋
170	恒久之爱	208	幸福与荣耀
181	希望王子		

继承顺序　 婚配　 离异

后继有人

女王和菲利普亲王儿孙满堂，
温莎王朝的未来传承看似四平八稳。

伊丽莎白二世
（1926— ，
1952— 在位）

1952年，父亲去世，伊丽莎白继任女王。1953年6月2日，她在威斯敏斯特大教堂举行了加冕仪式。

菲利普亲王，爱丁堡公爵
（1921—2021）

1947年结婚后，菲利普放弃了他的头衔和事业，后来甚至为了他的妻子伊丽莎白女王，放弃了他的姓氏。

查尔斯，威尔士亲王
（1948— ）

小时候，他的父母大部分时间在海外，所以查尔斯与外祖母很亲近。

安妮公主殿下
（1950— ）

安妮公主风风火火，充满活力，满身都是运动细胞，与她那个敏感而有创造力的大哥正好相反。

安德鲁，约克公爵
（1960— ）

安德鲁在伊丽莎白继任女王后出生，名字取自他的祖父，希腊和丹麦的亲王安德鲁。

爱德华，威塞克斯伯爵
（1964— ）

爱德华是家中最小的孩子，上过高登斯顿学校，在那儿做过班长。通过高级水平考试后，他上了剑桥大学。

39岁生日时,女王与家人于温莎城堡合影

乔治六世
（1895—1952,
1936—1952在位）

∞

伊丽莎白·鲍斯-莱昂
（1900—2002）

查尔斯和安妮与他们的舅祖父和舅祖母——路易斯·蒙巴顿和埃德温娜·蒙巴顿

玛格丽特公主
（1930—2002）

她的初恋娶了别人之后，玛格丽特于1960年嫁给摄影师安东尼·阿姆斯特朗-琼斯。

∞

安东尼·阿姆斯特朗-琼斯
（1930—2017）

娶了玛格丽特公主后，安东尼被授予斯诺登伯爵头衔。两人于1978年离婚。

大卫·阿姆斯特朗-琼斯
（1961—　）

现以他的职业名字大卫·林利而出名。他曾是克里斯蒂公司总裁，现为家具制造商。

莎拉·阿姆斯特朗-琼斯女士
（1964—　）

一位屡获殊荣的艺术家。她青年时期就在艺术方面颇有造诣，现为英国皇家芭蕾舞团副团长。

王子、纳粹及破碎的家庭

女王生命中的另一半如何克服人生不幸，逆袭成为战斗英雄和第一夫君。

文 / 汤姆·加纳

菲利普亲王，即爱丁堡公爵，是世界上知名度最高的男人之一。作为女王伊丽莎白二世的丈夫，70多年来，他一直是英国君主制度的体现，成为英国历史上陪伴在位君主时间最长的配偶。自1952年伊丽莎白继承王位以来，世界风云变幻，几乎已经面目全非，而他作为坚强的后盾，始终陪伴女王左右，并做了大量工作，以展示王室家庭不变的风采。然而，对菲利普来说，这份安定与他早年的生活有着天壤之别。战争，遗弃，生离死别，苦苦忍耐……往事历历，不堪回首。可以说，很大程度上，青少年时期他所受到的种种煎熬，在他持久稳定的婚姻和幸福美满的家庭中，都一一得到了补偿。

1921年6月10日，菲利普出生在希腊所属的克基拉岛上，他是安德鲁亲王（兼有希腊和丹麦身份）和巴滕贝格的爱丽丝公主唯一的儿子，二人已经有了四个女儿，分别是玛加丽塔（Margarita）、西奥多拉（Theodora）、塞西莉（Cecilie）和索菲（Sophie）。如今，菲利普已被视为英国人，但他生来却是一位兼有希腊和丹麦身份的王子。他的双重身份反映在他的名字上。他的受洗名是腓力（Philippos），但他却属于石勒苏益格-荷尔斯泰因-桑德堡-格吕克斯堡（Schleswig-Holstein-Sonderburg-Glücksburg）的丹麦-德意志家族。似乎还嫌乱得不够，菲利普出生时虽说不是英国臣民，但是他的家人却和英国颇有渊源。他的外祖父，巴滕贝格的路易斯王子，是入籍的英国公民，已于"一战"时期取"蒙巴顿"为姓。菲利普与英国王室的关系可以追溯到维多利亚女王，但他也是第六顺位希腊王位继承人，因为他的伯父康斯坦丁一世当时还在位。菲利普在欧洲的广阔人脉很快就帮了他大忙，因为他的出生正值希腊动荡时期，他注定在此待不长久。

菲利普出生时，他的父亲并不在场，当时正值希土战争（1919—1922），他远在前线，

他是住在法国受着英式教育的希腊王子。

激战正酣。战争期间,作为希腊第二军团的指挥官,安德鲁的表现实在有辱一个将军的使命。在1921年9月19日萨卡里亚的关键之战中,他拒绝服从上司命令,一意孤行,坚持他自己的作战计划。可惜,因为缺少配合,通信不畅,战斗陷入僵局,随后希腊战败。安德鲁被解除指挥权一年后,因1922年的"九一一"革命而锒铛入狱。这场革命是希腊武装部队发动的,他们指控政府对希土战争的失利负有责任。革命直接导致希腊王权的垮台和国王康斯坦丁的退位。作为康斯坦丁的兄弟,声名狼藉的军队指挥官,安德鲁身陷囹圄,无计可施。他被控犯有叛国罪,一审宣判死刑。希腊战争部长潘加洛斯将军曾问他:"你有几个孩子?"据传,在安德鲁如实回答之后,潘加洛斯说道:"可怜的孩子们!很遗憾,他们就要成为孤儿了"。

爱丽丝公主获悉安德鲁的处境,立即赶往雅典,请求饶他一命,但并未见到她的丈夫,所以她又掉头向她的英国亲戚求助。"一战"期间,国王乔治五世曾拒绝自己的表弟俄国沙皇尼古拉

▼ 菲利普在法国圣克卢的玛丽昂美利坚学校开始了他的早期教育。照片中左边第二个男孩是他

二世携家人来英国避难的请求,他可能一直为此心神不安,所以这一次,他非常坚决地要求英国介入,解救安德鲁和他的家人。

最后,希腊法院判定,将安德鲁驱逐出境,终生不许返回希腊。1922年12月,他获释出狱。而其他人则没那么幸运,6名前政府高官被宣判并执行了死刑。此后不久,一艘王家海军炮艇,王家舰队"卡吕普索号",把一家人从克基拉岛上解救出来。菲利普王子当时还是襁褓中的婴儿,据说,他被搬上船的时候,是躺在一个橘黄色箱子改制的简易小床里。从1922年12月3日逃离克基拉岛的那一刻起,他便开始了几十年漂泊无定的生活,直到20世纪40年代晚期,作为伊丽莎白公主的丈夫,搬进克拉伦斯府,他才终于有了一个安定的家。

一家人到了法国,想方设法在巴黎附近的圣克卢安顿下来。他们住的是安德鲁和爱丽丝借来的一栋房子,从一开始,日子就过得捉襟见肘。爱丽丝凭她哥哥的那点有限的救济勉强维持这个家,安德鲁也拿出他继承的一小笔遗产补贴家用,但是,他们的生活主要还是依靠东挪西凑和别人的施舍。

亲戚们负担了几个孩子的学费,其中,菲利普的早期教育是在巴黎的玛丽昂美利坚学校完成的。他的人生充满困惑:他是希腊王子,住在法国,却在接受英国式的教育。不过,身份不定反而让他有机会自己斟酌决定,正如他后来所解释的那样:"要我说,我一直认为自己是斯堪的纳维亚人,确切地说是丹麦人。我们在家说的是英语,别人学习希腊语,我能听懂一部分。但随即交谈中就会加进法语,然后又是德语,因为我们有好几个德国表亲。要是在一种语言中想不出某个词,我们就会转向另一种语言。"

1928年,菲利普初次来到英国,入读奇姆学校。他似乎变成了一个有些狂躁的孩子,需要一些管束才行。1929年,爱丽丝怀着些许担忧给学校写信,希望他的几位老师成立一个幼年童子军连队,"这样的锻炼会对他大有好处……如果能尽早安排,我将不胜感激"。这个阶段,菲利普家庭生活的天空已经开始坍塌。天生耳聋的爱丽丝正处于精神崩溃的边缘。其中缘由众说纷纭。一直有各种各样的推测,诸如全家流亡海外的痛苦折磨、与孩子们长期骨肉分离(因为他们都在不同的地方上学)、更年期、躁郁症,甚至可能还有信仰危机方面的原因。可能出于某种因素,也可能是几种因素的结合——但不管哪种原因,她的病情已经变得越来越严重。1931年,菲利普的母亲被送进瑞士一家疗养院。

几乎与此同时,1930—1931年间,菲利普的姐姐们9个月之内一个个相继结婚,嫁到德国。而他的父亲,安德鲁亲王,早就不怎么管他那个巴黎的家了,后来干脆一走了之,跟他的情

▲ 这幅画像绘制于1907年,画像中的女人就是菲利普的母亲,巴滕贝格的爱丽丝公主。爱丽丝天生耳聋,但是她能唇读好几种语言

希土战争（1919—1922）

菲利普王子的早年生活遭遇很大程度上归因于"一战"之后希土之间那场灾难性冲突

随着"一战"结束，奥斯曼帝国垮台，希腊出兵进驻土耳其西部，保护那里的大批希腊人，并宣示对这一地区享有领土主权。希腊和土耳其长久以来一直互为宿敌，而希腊的这次入侵很大程度上是怀有一个民族主义大梦——根据古代的拜占庭帝国建立一个更大的希腊，以君士坦丁堡（现在的伊斯坦布尔）为它的首都。

1919年5月15日，希腊军队登陆士麦那，在协约国海军的掩护下占领了这座城市。他们已经占领东色雷斯，并进一步推进，试图创建一个覆盖大部分西小亚细亚的希腊占领区。依据1920年的《色佛尔条约》，西方协约国正式瓜分土耳其，把士麦那和东色雷斯划给希腊，作为对"一战"胜利国的奖赏。当地的希腊基督徒民众热烈欢迎解放者的到来，而信仰穆斯林的土耳其人却视他们为占领军。土耳其革命领导人穆斯塔法·凯末尔拒绝承认《色佛尔条约》，发起了一场抗击希腊的民族战争。1921年初，在伊诺努的第一次和第二次战役中，凯末尔都成功阻止了希腊人的进攻，战局也随之开始扭转。英国拒绝在军事上支持希腊，而土耳其却从苏联那里得到大量援助。在萨卡里亚之战中，希腊人的进攻遭到顽强抵抗，战斗在1921年8月到9月间持续了21天。双方都已精疲力尽，都在考虑撤军，但首先撤退的却是希方。这场僵局彻底扭转了战争的走向，由于经济的掣肘，以及战略战术和实施方案的缺失，希腊军队再无任何推进。

1922年8月，土耳其取得杜姆卢皮纳尔之战的决定性胜利，双方签署停战协定，希腊军队完全退出土耳其。根据之后签订的《洛桑条约》，两国互换民众。50万土耳其人离开希腊，而生活在土耳其安纳托利亚和色雷斯的150万希腊人几乎全部被驱逐出境。希腊经济崩溃，根本无力收容难民，而且在国际上陷入孤立，国内更是四分五裂，君主政体（战争失利的罪魁祸首）被彻底废除。这场战争后来被称为"小亚细亚大灾难"。

四分五裂的一家人

菲利普王子的家庭如何走向破碎

西奥多拉
（1906—1969）

西奥多拉是希腊和丹麦的安德鲁亲王与巴滕贝格的爱丽丝公主所生的第二个孩子，她嫁给了巴登侯爵贝特霍尔德。她在1969年去世，晚于她的丈夫，但早于她的母亲。

塞西莉
（1911—1937）

塞西莉嫁给了格奥尔格·多纳图斯。26岁时她在一次飞机失事中不幸丧生，当场殒命的还有她的丈夫、两个儿子和腹中未出世的孩子，只留下了她的女儿乔安娜。两年后，乔安娜死于脑膜炎。

索菲
（1914—2001）

索菲结婚最早。1930年，她嫁给黑塞的克里斯托夫王子。13年后，丈夫去世。后来，她又嫁给汉诺威的乔治·威廉王子。索菲是菲利普的第四个孩子爱德华王子的教母。

玛加丽塔
（1905—1981）

家中大姐玛加丽塔嫁给了霍恩洛厄-朗根堡的戈特弗里德王子。他们一共生了6个孩子。她在76岁时去世，比她的丈夫多活了21年。

爱丽丝公主
（1885—1969）

菲利普的母亲巴滕贝格的爱丽丝公主，在20世纪二三十年代先后被送进好几家疗养院。出院之后，她虔信宗教，成为修女。1969年，她在白金汉宫去世。

安德鲁亲王
（1882—1944）

离家出走后，安德鲁亲王与他的情妇在法国里维埃拉的一艘游艇上住了下来。1937年，在塞西莉的葬礼上，他与他的妻子时隔6年之后第一次见面。1944年，他因心力衰竭死于蒙特卡洛。

▲ 1935年，在高登斯顿学校，菲利普身着戏服，准备登台演出《麦克白》

妇搬到法国南部去了。他"过得很不如意"，一个亲戚回忆说。"我们全都搬出去了，圣克卢的房子大门紧闭。"菲利普的姐姐索菲回忆说。他的父母实际上已经放弃对儿子的责任。这并不是说他们不爱他，其实，据大家所知，他一直很受宠。但是，鉴于自身的生活状况，他们实在无力对他关怀备至。1932年，菲利普刚满10岁，但是此后的5年里他没有收到母亲的只言片语。多年以后，当被问及这一时期的生活时，菲利普的回答显得坚忍而又务实："当时的情况就是那样。家人离散。母亲有病，姐姐出嫁，父亲在法国南部。我只能接受，只能面对。换作是谁都得面对。"

劫后余生，菲利普的英国亲戚承担起大部分照顾他的责任。他的外祖母维多利亚公主把他送到他的舅舅米尔福德黑文侯爵身边。接下来7年，作为监护人，米尔福德黑文侯爵乔治像父亲一样，无微不至地照顾着菲利普。乔治的儿子大卫与他成了好友，后来作为伴郎出现在菲利普与伊丽莎白公主的婚礼上。两个男孩子一起上了奇姆学校。菲利普在运动方面表现优异，侯爵经常来到学校，观看菲利普和他儿子的各种比赛。米尔福德黑文这个地方给了他前所未有的安宁，但他心中的迷惑仍不时困扰着他。后来被问及

菲利普刚满10岁，但是此后的5年里他没有收到母亲的只言片语。

▲ 此画像由匈牙利画家菲利普·德·拉斯洛绘制于1913年。希腊和丹麦的安德鲁亲王曾是希腊军队中一位名声显赫的指挥官,但是后来他被驱逐出境,终生流亡海外

▲ 菲利普的姐姐塞西莉是纳粹党成员

在家说哪种语言时,他的第一反应是,"何谓'在家'?"

1933年,菲利普的二姐西奥多拉重新出现在他的生活中,为他安排了一条不同的教育之路,让他结识了一位重要的人生导师,库尔特·哈恩(Kurt Hahn)。西奥多拉嫁给了贝特霍尔德,即巴登侯爵,他的父亲曾是德意志帝国最后一任总理。哈恩曾是总理的私人秘书,也与这家人颇为熟络,同时他还是一位执着的教育家。他是犹太人,但他热爱德国。他曾参与《凡尔赛和约》的拟定。他对战后德国受到的联合制裁深感伤心,甚至发明了一个词Kriegsschuldluge("战争罪的谎言")来宣泄心中的不满。但颇具讽刺意味的是,极度反犹的纳粹党却把这个词用作爆炸性的口号,呼吁复仇并重整军备,而这并非哈恩的本意。

1920年,他与巴登一家在巴登-符腾堡州的塞勒姆城堡创建了一所学校,1933年秋,西奥多拉就把菲利普送到这里。此时的德国,正值阿道夫·希特勒上台不久,当权仅几个月,他就把政治的天空搞得阴云密布,哈恩本人也因抗议纳粹而被捕。对菲利普来说,他来的真不是时候,连他的姐夫也承认:"他并没真正融入社区,他几乎没机会结交真正的朋友。他很少说德语。他真是非常孤单。"纳粹用心险恶,竟在学校宣传"希特勒青年运动",要参与者行纳粹礼。菲利普显然对此嗤之以鼻,同样的手势,奇姆学校的男孩子们只是用来表示他们想上厕所。

1934年,菲利普又被送回英国,送进苏格兰的高登斯顿学校,这是当时已流亡海外的哈恩创建的一所新学校。哈恩推行的教学方法激进而新颖。他认为,青少年应该受到尊重,但是他们也容易受到社会不良风气的影响。哈恩认定,文明已堕入六重深渊,他称之为"现代青年的六种退化",分别是健康、创新与进取、记忆力与想象力、技能与自理、自律和同情心的退化。而高登斯顿的学生则被要求逆流而上。比如,无论冬夏,他们必须每天早上7点起床,穿着短裤,光着脚,跑到300米外的盥洗室,用冷水淋浴。菲利普就是在这种严苛的管理下历经磨练,终于成长为一个强悍、健壮、永不服输的男人。他在曲棍球和帆船方面表现尤其突出,并且在毕业前最后一年当上班长。哈恩的人生理念对菲利普影响深远,许多年后,他亲自登门拜访自己的老师,并在他的帮助下成立了爱丁堡公爵奖学金。如今,这一奖学金项目已在144个国家启动,它正是基于哈恩的"现代青年的六种退化",旨在表彰年轻学子在自我提升方面的成就。1974年,哈恩去世,在他的追悼会上,菲利普朗读了好心的撒玛利亚人的故事,哈恩的影响可见一斑。

尽管在高登斯顿表现不俗,但菲利普无法逃

▲ 1947年11月与伊丽莎白公主结婚让菲利普体验到了一种从未有过的家的安宁

避一个事实,那就是他依然非常孤单。他在此就读的5年中,不管是米尔福德黑文的乔治,还是他另一位英国监护人路易斯·蒙巴顿勋爵,都没来看望过他。这可是非同小可的失职,因为这两个人严格说来都是对他负有责任的。菲利普将会去哪里度假,成为上学期间校园里长久讨论的话题。菲利普即将从高登斯顿毕业时,噩耗传来。1937年11月19日,他的姐姐塞西莉乘坐的飞机在比利时境内坠毁,命赴黄泉的除了塞西莉,还有她的丈夫、两个孩子以及她腹中尚未出世的宝宝。据悉,她是要去英国参加一个婚礼。哈恩把消息告诉菲利普,但是这位16岁的少年忍住了悲痛,他的老师一直对此记忆犹新,"完全是一个男人的表现。"他的同学们也不记得他当时有过任何悲伤,其中一个回忆说:"我觉得他是很好地掩饰了自己的情感。"菲利普一个人赶往德国参加葬礼。这是一个凄冷的场面。葬礼上到处是纳粹官员,但菲利普的父母彼此相见,并与活着的几个孩子团聚,这也是多年来的头一回。这里的诸般情形根本不适合团聚,于是菲利普返回英国,开启了自己人生的新篇章。

第二年,即1938年,菲利普的人生被赋予了更多新的意义。在他的父亲和蒙巴顿勋爵的建议下,菲利普决定加入王家海军,就读于达特茅斯的大不列颠王家海军学院。他在海军的各项训练中都表现突出,几乎全都以最高分通过。他的同学特伦斯·勒温(后成为第一海务大臣)说:"菲利普王子天赋极高。毋庸置疑。假如不是他的身份所限,第一海务大臣就会是他,而不是我。"菲利普加入海军正值形势紧张时期,此时的英国与德国之间战争一触即发。不过,菲利普与未来妻子的首次相约也正是发生在他就读达特茅斯海军学院期间。1939年7月,13岁的伊丽莎白公主和她的妹妹玛格丽特公主来到海军学院,菲利普负责招待这两位远房表妹。他和伊丽莎白曾于1934年初次见面,后来在1937年乔治六世的加冕礼上也见过,但是这一次,伊丽莎白爱上了菲利普。接下来几年,两人频频鱼雁传

嫁给纳粹的姐姐们

菲利普的几个姐姐与第三帝国有着撇不开的干系

菲利普的家庭四分五裂，一个明显的标志就是，他的几个姐姐都与纳粹党沾亲带故。四人全都嫁给了德国贵族：玛加丽塔嫁给了霍恩洛厄-朗根堡的王子戈特弗里德，西奥多拉嫁给了巴登侯爵贝特霍尔德，塞西莉嫁给了黑塞大公格奥尔格·多纳图斯，索菲嫁给了黑塞的克里斯托夫王子。王室家庭与国外豪门联姻是欧洲一贯的传统，但在20世纪30年代的背景下，这种做法就显得不合时宜，特别是在"一战"余音未了之际。许多幸存的贵族为了保住自己的地位，纷纷选择支持那些正在欧洲呈现烽火燎原之势的极端社会变革。而在德国这边，一些人开始寻求巴结纳粹党人。

索菲的丈夫克里斯托夫王子和他的哥哥菲利普是维多利亚女王的曾外孙，两人都是狂热的纳粹分子。克里斯托夫是一位声名显赫的纳粹党卫军上校，附属于希姆莱的私人卫队，也是情报部门（"调查办公室"）的主管，该部门在赫尔曼·戈林的指挥下，专门侦查反纳粹人士。菲利普早在1930年就已加入纳粹，并于1933年成为黑塞地区的纳粹负责人，后来担任希特勒和墨索里尼之间的联络人。索菲和克里斯托夫甚至给他们的大儿子起名卡尔·阿道夫，以示对希特勒的尊敬。索菲还说，希特勒是一个"充满魅力而又略显谦虚的人"。

1937年5月1日，塞西莉和她的丈夫格奥尔格（黑塞公爵）也加入纳粹党，但几个月后他们就在一次飞机失事中丧生。他们的葬礼成了一次纳粹的盛会。菲利普王子身旁的克里斯托夫王子身穿党卫军制服，而他哥哥菲利普则穿着棕色的冲锋队制服。还有些身着制服的军人，引得许多旁观者纷纷

▲ 黑塞的菲利普王子是纳粹党员，也是小菲利普的姐姐索菲公主的大伯子

行纳粹礼。戈林亲临葬礼，并带来希特勒和戈培尔的慰问信。10年后，菲利普王子结婚时，英国王室把他的几个姐姐和姐夫全都排除在婚礼邀请名单之外，主要是为了避免尴尬，同时顾及英国民众的反德情绪，因为当时，纳粹政权造成的恐怖阴影仍未完全消除。

▲ "二战"时期,菲利普身为王家舰艇"幼兽号"大副

情。但是,眼下还有许多别的事情需要优先考虑。一场战争即将全面打响。

1940年1月,菲利普被派往驻扎在锡兰的王家海军舰艇"拉米利斯号",他的战时服役由此拉开序幕。战争初期,他被派往的地方远离战场,因为希腊并未参战,而他是个希腊王子,英国人不希望他死在一艘王家舰船上。但是,随着意大利开始入侵希腊,情况发生变化,菲利普积极投入战斗已是义不容辞。在1941年3月在希腊近海海域的马塔潘角之战中,菲利普担任王家战舰"勇士号"候补少尉,负责夜间操作船上的探照灯,以识别其他船只。他回忆说:"我报告发现目标,随即接到'开窗'命令。灯光锁定一艘停船的巡洋舰。顷刻间,地狱之门洞开了。我们的全部八门15英寸口径大炮,加上旗舰和'巴勒姆号'战舰的大炮,一齐向那艘巡洋舰开火。随着一声爆炸和一股浓烟,目标消失了。随后我又接到'左打'命令,锁定另一艘意大利巡洋舰,

也给了它同样一顿痛击。"菲利普发现的舰船是被英军击沉的五艘意大利战舰中的两艘,造成意方损失2300名船员。这是意大利最严重的一次海战失利,菲利普也因作战英勇登上战斗简报,并被授予希腊勇敢者十字勋章。

第二年,菲利普21岁,便荣获晋升,成为英国王家海军最年轻的中尉之一。1943年7月,他再次投入实战,这回是在王家舰艇"华莱士号"上参加了盟军攻占西西里的战斗。在一次夜战中,"华莱士号"遭遇德军飞机轰炸。随行的一位船员哈里·哈格里夫斯在2003年的一次采访中回忆说:"显然我们成了目标,不把我们彻底炸烂,他们是不会罢休的。就像被人蒙住眼睛,我们只能盲目躲藏,而敌人只需调整目标方位。谁都清楚,我们迟早会被直接命中。"趁着轰炸的间隙,菲利普迅速采取行动。"中尉(菲利普)与舰长紧急通话,很快甲板上就组装起一只木筏。"这只木筏拖着冒烟的浮标,在水面上

▲ 服役归来,菲利普立即投入到办公室的工作中

造成舰船起火的假象。德国飞机果然上当,只顾轰炸木筏,而英国舰艇则借着夜色的掩护溜之大吉。哈格里夫斯称赞菲利普的机智:"这简直是急中生智。那天晚上,菲利普王子救了我们的命。不然,舰艇肯定是要被炸沉的,估计没几个人能活着。他总是勇气非凡,足智多谋。"菲利普本人后来在BBC的一次采访中谈到他的妙计,说它是"一着险棋……我们侥幸逃生"。尽管说得漫不经心,但他承认,"那也是不得已而为之"。

战争结束,菲利普在王家舰艇"幼兽号"上,与其他战舰一起参加了1945年9月2日的日军正式投降仪式。他回忆说:"受降仪式在东京湾一艘战舰上进行。隔着180米之遥,你用一副双筒望远镜就能看清那里发生的一切。总算让人长舒一口气。"受降仪式结束后,他的战舰搭载了一些释放的战俘,看到他们的面容,菲利普心头一震。"这些人都是海军战士。他们瘦骨嶙峋……泪珠滚滚流下脸颊。他们只顾喝茶,一句话也说不出来。那种场面给人的感觉无以言表。"

战争结束了,他希望继续他的海军生涯,但是命运已经为他安排了不同的未来……

菲利普将会去哪里度假,成为上学期间校园里长久讨论的话题。

▲ 在马塔潘角之战中，菲利普负责操作舰船上的探照灯

恒久之爱

英国逐渐走出"二战"的恐怖阴影，
开始沉浸在伊丽莎白公主和菲利普王子的浪漫爱情故事当中。

文 / 杰西卡·莱格特

纵观往昔七十载，伊丽莎白女王和菲利普亲王一直是英国君主制的基石。在王室成员大多不为爱情只为义务而联姻的时代，他们两人之间的故事，不管是恋爱时的卿卿我我，还是结婚后的伉俪情深，都被公众津津乐道。他们的婚礼庆典，适逢英国人民厌烦了战争，渴望一场喜庆来冲淡忧伤之际，因而成为20世纪最为盛大的庆典之一。

伊丽莎白公主初见她的远房表兄菲利普王子，是在1934年玛丽娜公主（兼有希腊和丹麦身份）和乔治王子（肯特公爵）的婚礼上，当时她只有8岁。两人再次相遇是在5年之后的1939年7月，达特茅斯王家海军学院。这一次，13岁的伊丽莎白疯狂地爱上了菲利普，此时的他已是一位18岁的英俊青年。

两人当日共度了好长一段时间，因为菲利普的舅舅，路易斯·蒙巴顿勋爵，着意安排他的外甥作为护花使者，陪伴伊丽莎白公主和她的妹妹玛格丽特公主。经过海军学院的这次亲密接触，两人约定分别之后仍要鱼雁往还。没过多久，公主就把镶在镜框里的爱人的照片摆上了她的床头。

几个月后，第二次世界大战爆发。接下来的6年时光，两人像全国各地数以百万的其他情侣一样，不得不天各一方。这期间，菲利普在英国王家海军服役，伊丽莎白则参加了驾驶和机械维修的培训，并于1945年加入陆军非作战勤务团。即使在这样的艰难时期，两人也一直联系不断，彼此牵挂，菲利普甚至还抽空短暂造访温莎城堡，只为观看公主的一场哑剧表演。

1945年，战争终于结束，整个英国都松了一口气。伊丽莎白和菲利普仍是一副你侬我侬的模样，在明眼人看来，两人之间的爱情并非儿戏。1946年，伊丽莎白的父亲乔治六世国王邀请菲利普来访巴尔莫勒尔庄园。就在这次访问期间，王子征得她父亲的准许，向伊丽莎白坦明心

▲ 婚礼当日,这对年轻夫妇看起来十分恩爱

▲ 在威斯敏斯特大教堂，伊丽莎白由父亲陪伴走向婚礼祭坛

婚礼热潮席卷全国，整个世界也为之亢奋。

迹，请求与之共结连理。乔治批准了，但有一个条件：两人订婚的秘密必须保守到1947年4月，伊丽莎白21岁生日时方可公开。

然而，这样的条件不仅仅是为了给伊丽莎白时间让她慎重考虑自己的决定。她的父亲，以及王室其他成员，都有所顾虑，担心菲利普并非未来女王之夫的合适人选。他们两人的联姻毫无利益可图，菲利普虽贵为王子，实际上却身无分文，他的伯父康斯坦丁一世退位以后，他的家族被逐出希腊，一直流亡海外。不仅如此，伊丽莎白的家人还对菲利普父母糟糕的婚姻状况非常清楚。与伊丽莎白享有亲密友爱的成长环境不同，菲利普从小到大都是一个人被丢在寄宿学校里。他的母亲巴滕贝格的爱丽丝公主患有精神疾病，而他那花心的父亲更是抛妻弃子，一去无回。有这样的父母，不能不让人深信，菲利普不会长久忠实于伊丽莎白。

还有些担心是考虑到"二战"刚刚结束，而菲利普与纳粹党之间有扯不清的关系。他的四个姐姐全都嫁给了纳粹分子，其中一个姐姐塞西莉在1937年的一次飞机失事中丧生，而小菲利普被拍摄到出席她的葬礼时，他的身边全是纳粹。

婚礼服饰

伊丽莎白的婚纱华贵而端庄,既符合王室身份,又顺应战后时尚

爱国者赞助
伊丽莎白的婚纱使用雍容华贵的公爵夫人缎料制作,由苏格兰邓弗姆林附近的温特图尔公司提供。

灵感之来源
哈特内尔说,他的灵感来自于波提切利的著名油画《春》,它象征即将到来的勃勃生机,于是就有了新娘拖裙上的贴花图案。

考究的装饰
装饰婚纱的水晶和大约10000颗小粒珍珠全部从美国进口。嵌花缎料产自肯特郡的拉凌斯通城堡。

优雅的设计
婚纱样式简约:紧身胸衣,心形领口,V型低腰,带有镶饰的及地长裙。

精美的鞋子
伊丽莎白脚穿用公爵夫人缎料制作的乳白色高跟鞋,配有银灰色小粒珍珠带扣,出自爱德华·雷恩之手。

珍珠配佳人
伊丽莎白的双串珍珠项链是父亲送给她的礼物,其实是两条分开的项链,短的那条被称为"安妮女王",据说是安妮女王戴过的,另一条被称为"卡罗琳王后",据说乔治二世的王后曾经戴过。

新娘的拖裙
伊丽莎白的拖裙从肩部算起足有4.5米长,薄纱制成,以珍珠、水晶和透明的嵌花装饰。

▲ 新婚夫妇向白金汉宫外面的人群挥手致意

菲利普王子被封为爱丁堡公爵。

当然,也不能忽视菲利普的舅舅和人生导师——盛气凌人的蒙巴顿勋爵的存在。雄心勃勃又锲而不舍的蒙巴顿正在极力撮合这段姻缘,这已经根本不是什么秘密,就连菲利普也坦承,在向伊丽莎白求婚这件事情上,他的舅舅一直在大力推动。

据说,伊丽莎白的母亲伊丽莎白王后称她的未来女婿为"德国仔",甚至首相温斯顿·丘吉尔也对王子的身份有所怀疑。尽管伊丽莎白对于她和菲利普两人的未来满怀憧憬,她的家人却都暗地里希望一年之内她会改变主意。伊丽莎白原本可能是一位天性害羞的女孩子,但是她的家人完全低估了她要嫁给菲利普的决心。她坚持非他不嫁。最终,乔治国王和伊丽莎白王后只好接受这门婚事。

为顺利缔结婚约,菲利普宣布放弃他的希腊和丹麦身份,正式成为英国公民,随后取蒙巴顿为姓,也就是他母亲的英国家族姓氏。菲利普还改信英国国教,以备迎娶未来的英国教会最高领袖。

1947年7月9日,伊丽莎白21岁生日过后不到3个月,王室婚约正式向世界公布。尽管当事二人幸福洋溢,但貌似对这桩婚事持保留意见的不只限于伊丽莎白的家人。婚约公布之后不久,一份报纸的民意测验显示,40%的公众反对这场联姻。也难怪,战争的大幕刚刚合上,菲利普仍被视为过于"德国化"。

不过,当那些人看出这一对俊男靓女之所以

要走进婚姻的殿堂,是因为爱情而非义务时,起初的反对便很快化为兴奋。毕竟,一场光芒四射的王室婚礼,既是英国许多民众的赏心乐事,又是令整个国家精神振奋的大好时机。

婚礼庆典定于11月20日,仅有4个月时间筹划此事,所以各项准备工作迅速展开。直到8月中旬,由诺曼·哈特内尔爵士策划,伊丽莎白的婚纱设计方案才得以通过,只给了这位大名鼎鼎的设计师不到3个月时间来完成婚纱的制作。

婚礼热潮席卷全国,整个世界也为之亢奋,但是鉴于当时仍在实行战后紧缩政策,伊丽莎白不得不精打细算,用节省下来的配给布票来购买她的婚纱材料。她一共需要3000张布票。为解她的燃眉之急,数百位准新娘把她们自己的布票寄给公主供她使用。这份亲近之举十分暖心,但所有的布票都必须归还原主,它们不属于伊丽莎白,她若使用,便是违法。

政府倒是向伊丽莎白额外提供了300张布票以分担她的婚纱费用,但菲利普(素来不是奢华铺张之人)计划在大婚之日仍身着他的海军制服。

婚礼将在威斯敏斯特大教堂举行,这里也是乔治国王和伊丽莎白王后24年前的大婚之地。至此,公主将成为第10位在万众瞩目下走进婚姻殿堂的王室成员。

经王室决定,公主将有八位伴娘,包括她的妹妹玛格丽特公主殿下、她的表妹肯特郡的亚历山德拉公主殿下、卡罗琳·蒙塔古-道格拉斯-斯科特女士、玛丽·剑桥女士、尊敬的帕梅拉·蒙巴顿、尊敬的玛格丽特·埃尔芬斯通、伊丽莎白·兰巴特女士和戴安娜·鲍斯-莱昂女士。

至于菲利普的伴郎,他选定的是大卫·蒙巴顿,即米尔福德黑文侯爵。格洛斯特的威廉王子和肯特郡的迈克尔王子将担任花童。共有2000名宾客受邀出席婚礼庆典,其中多为国家首脑,

订婚戒指

菲利普倾尽全力设计了一款适合女王的戒指

菲利普身无分文,如何打造一枚伊丽莎白梦想中的订婚戒指,是摆在他面前的一道难题,这已经根本不是什么秘密。得知儿子想要向他的爱人求婚,爱丽丝公主把她的头冠送给了他,这是沙皇尼古拉二世和皇后亚历山德拉赠予她的一份礼物。为帮助菲利普向公主求婚而牺牲自己的头冠,爱丽丝此举令人感动。

在总部位于伦敦的珠宝商菲利普·安特罗布斯有限公司的帮助下,菲利普用她母亲头冠上的钻石打造了一枚白金钻石订婚戒指。10颗小钻石围绕着一颗3克拉的大钻石,全都用白金镶嵌。在制作订婚戒指的同时,菲利普还用其他钻石为伊丽莎白制作了一条漂亮的手链作为结婚礼物。显然,王子设计的戒指是想让伊丽莎白在任何场合,穿任何衣服都能佩戴,这番考虑在当时可不寻常。

然而,菲利普送给伊丽莎白的结婚礼物还不止这些。据说,就在婚礼那天早上,菲利普决定永久戒烟。据说,这一决定是出于他对即将迎娶的爱人的尊重。伊丽莎白不喜欢吸烟,特别是随着乔治国王的健康每况愈下,她对父亲的习惯也更加在意了。

▲ 伊丽莎白的照片中总能见到她手上戴着那枚漂亮的订婚戒指

▲ 童话般的婚礼过后，笑容灿烂的新娘

如荷兰的朱莉安娜女王和伯恩哈德亲王，以及伊拉克的国王等。明确不能参加的是菲利普的几个姐姐，还有伊丽莎白的伯父温莎公爵，此人10年前曾因放弃王位而引起一场宪法危机。

距婚礼还有两天，国王和王后在白金汉宫举行了一场盛大的舞会，庆祝女儿即将到来的大婚。一贯保守的乔治国王竟然领着大家跳起康茄舞穿过所有的宫室。

婚礼日上午，菲利普王子被封为爱丁堡公爵、梅里奥尼思伯爵及格林尼治男爵。前一日，乔治国王已经称呼菲利普为"殿下"，也就是说，短短几个小时内，王子就拥有了菲利普·蒙巴顿爵士殿下这一非凡的身份。

婚礼前夜，菲利普是在肯辛顿宫度过的，外面有大群的摄影记者冒着严寒等待他的现身，菲利普王子为他们安排了茶点和咖啡。与此同时，伊丽莎白已在白金汉宫准备就绪，正为婚礼庆典给自己化妆呢。

就像任何婚礼日的情形一样，并非方方面面都如公主所愿的那般顺利。当天早上送达的精美的新娘花束（内有白色兰花和一枝爱神木）竟然不见了踪影！爱神木来自奥斯本庄园，是当年维多利亚女王在此插植的，插条是艾伯特亲王的祖母送给她的。正当人们慌乱之际，它又忽然冒了出来——原来是一个下人为了保鲜，以免花容失色，把新娘的花束放进了冷藏室。

花束事件并非当日早晨唯一的意外。伊丽莎白的母亲把玛丽女王的穗型头冠借给她，这可是她大喜之日的一件特殊之物。就在往她头上戴的时候，意外发生了，钻石头冠突然崩裂了！侍立一旁以备不时之需的宫廷珠宝师，在一个警卫的护送下迅速赶回他的工作室。伊丽莎白等得心焦，她的母亲则立即安慰她说，头冠一定会及时修好——的确及时修好了。

最后一件令这位待嫁新娘抓狂的大事是她的项链。那是她的父母送给她的一条双串珍珠项链，她准备在婚礼上佩戴，可它还放在圣詹姆士宫展览呢！为了及时取回项链，伊丽莎白的私人秘书借了挪威国王哈康七世的轿车，火速赶往圣詹姆士宫。

尽管一路磕磕绊绊，但公主和王子的婚礼总算准备妥当，庆典将于上午11点30分准时开始。浩浩荡荡的王家马车队抵达大教堂，沿途成千上万的民众分列大街两旁，争相一睹王室新娘的风采。伊丽莎白王后和玛格丽特公主最先到达，紧随其后的是玛丽太后。

菲利普王子在他的伴郎陪同下离开肯辛顿宫，从诗人角旁边的一道门进入大教堂。与此同时，伊丽莎白由父亲陪伴，在王家骑兵队的护送下，登上古色古香的爱尔兰式礼仪马车。就在马车接近大教堂时，圣玛格丽特教堂的钟声响起，宣告公主驾临。到了大教堂外面，公主一下马车，立即加入她庞大的新娘亲友团。光彩照人的

▼ 恢宏大气的婚礼蛋糕

▲ 成群的民众聚集在白金汉宫外面,争相一睹新娘和新郎的风采

公主缓缓步入威斯敏斯特大教堂,这时,她肯定已经敏锐地意识到,整个仪式正在被录制下来,由BBC向全世界两亿人公开广播呢。等候在祭坛那儿的是坎特伯雷大主教杰弗里·费希尔,这场婚礼的主持人。

祭坛上,巨大的花瓶里插满白色的百合、红色的玫瑰、粉红的康乃馨,还有山茶叶、杂色的常春藤和菊花等。当时的首相克莱门特·艾德礼,以及其他政要,和国王乔治六世一起,被安排在唱诗班席位就座,伊丽莎白王后在祭坛的南面就座。

风琴师及大教堂的唱诗班负责人威廉·内尔·麦基担任音乐指挥。仪式以阿诺德·拜克斯为婚礼特别编配的号角齐鸣开场,而麦基则为婚礼创作了一首赞美诗《候主慈恩》。爱德华·卡思伯特·贝尔斯托爵士吟唱了《诗篇》第67章,与他一起在婚礼上演唱的共有91位歌手以及来自大教堂、王家礼拜堂和温莎城堡圣乔治礼拜堂的联合唱诗班成员。

接下来两人交换誓言和戒指。伊丽莎白的婚戒由一块威尔士金打造而成，金锭来自多尔盖莱附近的克洛高·圣大卫金矿，是献给伊丽莎白王后的礼物。这枚婚戒，以及后来玛格丽特公主、安妮公主和戴安娜王妃的婚戒都是由这块金锭打造而成。

婚誓结束后，两人在双方直系亲属的陪同下，进入祭坛后面的圣爱德华礼拜堂，签署他们的结婚登记书。签署完毕，两人在经典的费利克斯·门德尔松的《婚礼进行曲》中款款走出大教堂。

婚礼仪式后，新婚夫妇离开威斯敏斯特大教堂，回到白金汉宫。喜宴于午餐时间在"舞会和晚宴厅"举行，菜单上包括"蒙巴顿鳎鱼片"、"砂锅竹鸡"和"伊丽莎白公主冰点"等。考虑到战后的食物配给政策，伊丽莎白公主只邀请了150位客人参加喜宴。

客人们一边大快朵颐，一边欣赏近卫步兵团弦乐队演奏的美妙音乐。一份份精致的回礼由独特的花束制作而成，花束中的爱神木和白色石南花均采自苏格兰巴尔莫勒尔的王家庄园。

令人瞠目结舌的婚礼蛋糕是麦克维地和普赖斯蛋糕房的作品。它高达2.75米，分4层，配料来自世界各地，就连所用的糖也是由澳大利亚的女童子军提供的，所以被戏称为"万里蛋糕"。蛋糕上面的装饰图案有新娘和新郎家人的手臂、新娘和新郎交织的名字首字母、两人最爱的各项活动的糖人形象以及军团徽章和海军肩章等图案。伊丽莎白和菲利普两人一起用刀切开蛋糕，这把刀是新郎的新晋岳父送给他的新婚礼物。

除了这份正式的婚礼蛋糕，两人一共收到11份婚礼蛋糕。他们还收到2500多份礼物和10000多封贺电，向他们表示良好的祝愿。圣雄甘地甚至寄来了他亲手纺织的一块棉料蕾丝，上面绣着"Jai Hind"，即"印度必胜"。

为答谢聚集在广场上的民众，伊丽莎白和菲利普携手来到阳台，向满怀仰慕之情的人们频频挥手致意。次日，伊丽莎白的婚礼花束被送回威斯敏斯特大教堂，放在无名战士墓上，这是她的母亲定下的王室传统。

席卷英国的婚礼热潮并不是一过大婚之日就戛然而止。伊丽莎白的婚纱先在圣詹姆士宫展示，之后则进行全国巡展，让公众都有机会近距离看个仔细。宫里还展示了两人收到的所有礼物，让公众一饱眼福，而各家影院则纷纷放映婚庆大典纪录片。

乔治国王身体日渐衰弱，伊丽莎白承担起了更多责任。所以，结婚几年后，菲利普放弃了他所热爱的，也是大有前途的海军事业，全力支持自己的妻子。他要向所有人证明，他是她最可信赖的伴侣。

2007年，伊丽莎白成为英国历史上第一位庆祝自己钻石婚纪念日的君主。2017年，这对王室夫妇又一起度过了他们的白金婚纪念日。从那场提振了整个国家士气、梦幻般的婚礼至今，70多年时光荏苒，伊丽莎白和菲利普向世人证明了，爱情真的可以天长地久。

希望王子

查尔斯王子的出生给他的家族带来巨大欢喜，
但是他的早年岁月却有好几次不得不与父母骨肉分离。

文 / 琼·伍勒顿

1947年，王储伊丽莎白公主和菲利普王子的那场婚礼，作为战后紧缩时期英国的一件盛事已被载入史册。不到一年之后，这对夫妇第一个孩子的降临，对于仍在消除战争余波的国家来说，又是一个生机勃勃的时刻。而且，这位小王子的诞生也对他的家族至关重要。10年前，逊位危机给君主政体的未来蒙上一层不确定的阴影，如今，温莎王朝因为他的出生又被注入新的活力，从而保证王权统治能够顺利延续到21世纪。

对王室家族来说，1947年那场王家婚礼是一个转折点。随后几个月，伊丽莎白和菲利普成为温莎王室最炙手可热的人物，1948年对巴黎的正式访问更是让他们出尽风头，但同时也有传言：公主怀孕了！在一个活动现场，她脸色苍白，露出一副疲倦的样子，她的丈夫赶紧带她离开房间，让她休息。6月，白金汉宫对外宣布，从月底开始，王储不再继续承担公务，以这种相当谨慎的方式，确保战后王室血脉的平安孕育和诞生。伊丽莎白和菲利普准备在白金汉宫迎来他们的第一个孩子，1948年的大部分时间他们都住在这里。小两口原本打算搬进克拉伦斯府，但是那里还在进行大修，而他们原计划居住的乡下庄园太阳山公园已被大火烧毁。所以，在伊丽莎白孕期的最后几个月，他们是跟乔治六世国王和伊丽莎白王后一起度过的，老两口为了他们第一个外孙的出生一个劲儿地出谋划策。

新生儿将如何称呼，这也是他们不得不协商才能解决的问题。尽管伊丽莎白身为王储，但她的孩子也要承继生父的身份，只有君主的孙子（女）才会自动拥有王室身份。就在孩子出生前几天，国王乔治六世签发新的特许诏书，明确他的第一个外孙（子/女）从降生的那一刻起即拥有王室身份，从而保证了孩子的殿下头衔和王子（公主）身份。

产室安排在白金汉宫的比利时套房。该套房共有3个房间，各房间墙上全都装饰有卡纳莱托

王子的出生与时俱进

几个世纪以来，一直有政界人士见证王嗣的诞生，而伊丽莎白打破了这一常规

盼望中的王位继承人降生在即，最后的准备工作也基本就绪。内政大臣詹姆士·丘特尔·伊德本应亲临分娩现场，以确保孩子出生时不被调换。然而，这一做法似乎越来越多余，而且唐突。甚至有人指出，按照1931年的一项法律，可能非帝国各个部门中多达7位大臣亲临现场不可。于是，乔治六世立马颁布诏书，彻底废除这一陈规陋习。

这就是说，数百年来，查尔斯王子是第一位在没有任何政府官员到场的情况下降生的王嗣。自17世纪末以来，王嗣的出生必须有官方见证，起因是国王詹姆士二世（天主教徒）的王后1688年生下一个健康的男婴，而他的政敌（新教徒）却声称那个孩子其实是个冒牌货。

从那时起，王室女性的生产一直都有政客在场。1894年，维多利亚女王下旨，仅允许内务大臣一人亲临产室。到了20世纪初，内务大臣往往只是小心翼翼地待在产房门外，从而使王嗣之母享有一定程度的隐私，但每次分娩他还是必须到场。

这一王室传统在1948年寿终正寝，也就是说，肯特郡的亚历山德拉公主成为最后一位在政界人士见证下出生的王嗣。从查尔斯王子出生那一刻起，温莎王朝的未来君主就已经开始与时俱进。

▲ 詹姆士·丘特尔·伊德（1945—1951年间的内政大臣）几周前得到通知，他不必亲临王嗣的出生现场

和盖恩斯伯勒①的画作，还挂着国王乔治三世和王后夏洛特的肖像。它的命名是为了纪念维多利亚女王那位颇有影响力的舅舅，比利时国王利奥波德。接下来几天，公主都将在这里度过。她的分娩开始于1948年11月13日，周六下午，但分娩的过程漫长而又艰辛。

菲利普王子像当时的众多准爸爸一样，被隔在产房之外。随着分娩进程拖到第二天，他不得不在壁球场上拼命挥拍，以疏解自己的焦虑之情。就是在这里，他听到了孩子出生的消息，这预示着温莎王朝后继有人，王权得到了进一步巩固。

1948年11月14日，公主历经30个小时的分娩，最后在全身麻醉的情况下做了剖宫产手术，万众期待的小王子终于诞生。按照惯例，王嗣出生时内务大臣必须在场，以确保孩子不被调包。但是这次，事先有了打破常规的一纸诏书，伊丽莎白的分娩虽然艰辛，却也相对轻松一些。上午9点14分，公主平安顺利地产下她的儿子。

孩子最终在白金汉宫的布尔室降生，重3.35千克，身体健康。菲利普王子第一时间打开香槟开始庆祝。当伊丽莎白终于从镇静状态中苏醒过来时，他正手捧鲜花站在她的床前。

聚集在宫外静候王嗣出生消息的大批民众，还得再稍等一会儿才能开始他们的庆祝。午夜之前，白金汉宫大门外贴出官方通告，之后不久，广播电台的新闻简报开始播报王嗣降生的消息。

小王子出生几个小时后，成千上万封电报像雪片一样飞进白金汉宫，带来世界各国的祝贺。全国各地燃起篝火，以传承了数百年的方式，庆祝未来君主的降临。宫外的人们载歌载舞，直到凌晨也不愿散去。最后，宫里不得不传出话

---

① 卡纳莱托（1697—1768），意大利风景画家；盖恩斯伯勒（1727—1788），英格兰画家。——译者注

▲ 伊丽莎白、菲利普与查尔斯、安妮合影

人们载歌载舞,直到凌晨也不愿散去。

来，请他们压低欢庆的声音，好让母子二人得以休息。

这位新的第二顺位王位继承人，很快就被送进紧挨着他母亲卧室的一间婴儿室，将在安静的、与世隔绝的状态中度过人生最初几星期，与此同时，外面的世界则继续用传统的礼炮和钟声迎接他的降临。儿子的出生令伊丽莎白喜不自禁，她写信给她的姑妈梅·埃尔芬斯通，说这个孩子"十分可爱，无以言表"，还说她简直不敢相信有了自己的儿子。她的母亲伊丽莎白王后称她的外孙是个"乖宝宝"。小王子的祖母爱丽丝公主当时住在希腊，从儿子的电报中获悉孙子降生。她的妹妹，瑞典的路易丝王后，也写信给她，亲切地描述小王子说，他有"一小撮蓬松的金发"。但是，外界想要一睹这位王嗣的真容，尚需等到他满月之后，12月14日，由王室御用摄影师塞西尔·比顿拍摄的首批照片才会正式发布。但即便那时，也是只露其面，不报其名。小王子的名字必须严格保密，直到洗礼日方可公开。

1948年12月15日，坎特伯雷大主教杰弗里·费希尔给第二顺位王位继承人施洗命名为查尔斯·亚瑟·菲利普·乔治。孩子被抱进白金汉宫音乐室接受洗礼时，身着霍尼顿蕾丝花边洗礼服，这身洗礼服最早用于维多利亚女王和艾伯特亲王的孩子们受洗。洗礼用水来自约旦河，洗礼的过程也按照传统，在流光溢彩的百合泉边进行。

洗礼时，这位小王子，也是天命之子，共有8位教父母，其中包括两位在位君主。教父分别是他那自豪的外祖父乔治六世、挪威国王哈康七世、希腊的乔治亲王，以及他的外舅祖父大卫·鲍斯-莱昂，也就是伊丽莎白王后的弟弟。他的教母，带头的是曾外祖母玛丽太后，他的姨妈玛格丽特公主也在教母之列，还有菲利普的外祖母维多利亚，即米尔福德黑文侯爵夫人，他的表姐帕特丽夏·布雷伯恩排在最后一位。

按官方说法，爱丁堡的查尔斯王子殿下和他的家人一起，在桑德灵厄姆度过了他的第一个圣诞节。然而，新年一过，小王子就将迎来他人生的巨变。1949年7月，克拉伦斯府终于完成大修（装修工程是在爱丁堡公爵的指导下进行的，曾因超出预算而招来不少批评），准备迎接它的新主人。于是，查尔斯离开白金汉宫外祖父母的家，与父母一道搬进了新居。不过，他与乔治六世和伊丽莎白王后的分别为时并不长。

国王的健康状况令人担忧已久。就在这孩子（有朝一日将继承王位）出生前两天，乔治六世被诊断出动脉硬化，且十分严重。医生担心，他的一条腿可能需要截肢。他本已决定保守秘密，在伊丽莎白公主喜得贵子之际，不向她透露任何消息，但不久之后他还是说出了自己的病情。产后的伊丽莎白，随着身体慢慢复原，更多地承担起国王的职责。与此同时，渴望回归现役的菲利普王子，已被任命为地中海舰队所属的"契克斯号"战舰副总指挥。他立即动身，奔赴马耳他。不久，他的妻子也随后赶来。小王子查尔斯则被留在外祖父母身边。

小王子的日常看护大多由保姆完成。保姆名叫海伦·莱特博迪，在小王子一个月大的时候就被请来照顾他。年届30岁的她，此前为格洛斯特公爵和夫人服务，负责照看他们的两个儿子威廉和理查德。她生于苏格兰，以其严厉的教育手段而远近闻名，久而久之，人送绰号"绝无废话的莱特博迪"。她那纪律严明的育儿室成为小王子世界的中心。也经常有人看见她把小王子放进婴儿车，推着他穿行在伦敦各个公园里。

照料查尔斯的还有一位梅布尔·安德森。1949年，她作为保姆的副手，加入到王室大家庭。她可比她那严厉的上司随和多了，也更有

▼ 查尔斯的早年生活洋溢着家庭之乐。照片中,两岁左右的他正跟母亲玩捉迷藏

▲ 小王子查尔斯与外祖母伊丽莎白王后合影,二人关系非常亲密

媒体开始对她延长在外居留时间的做法提出批评。

趣。这两位女子都是小王子生活中的重要人物,但真正把查尔斯护在羽翼之下的却是伊丽莎白王后。她明显喜欢和自己的外孙一起玩耍,消磨时光,也愿意为他花费心思,营造气氛,让他真切感受到,即使远离父母,他所度过的每个生日,每个圣诞节,也有许多令他难忘的美好瞬间。

多年后,查尔斯王子谈到,他的母亲并没如他所愿的那样多陪他一些时日,他们的第一次离别(她去了马耳他)也比最初预计的更久。伊丽莎白公主决定延长她的假期,在岛上享受圣诞时光。直到1950年初,她才返回英国,先在伦敦盘桓几日,补办一些公务,然后才赶往桑德灵厄姆——蹒跚学步的小王子就是在这里与他的外祖父母一起刚刚度过圣诞节。

对于上流社会的家庭来说,撇开子女,享受二人世界,这是没什么大不了的。但是,就在那年春天,伊丽莎白和丈夫又重返马耳他休假,之后,一些美国媒体开始对她延长在外居留时间的做法提出批评。返回英国时,她又一次有了怀孕早期的症状,而国内的公务更是令她应接不暇。乔治六世的健康状况越发堪忧,王储肩上的责任也随之加重,但即便如此,伊丽莎白还是有机会和她的宝贝儿子共度一段幸福时光。很快,小王子就要成为大哥哥了。

菲利普王子仍在马耳他,直到1950年7月才返回英国,等待宝宝的出生。8月15日,安妮公主降生，分娩在克拉伦斯府进行，相当顺利。此时的菲利普已是"喜鹊号"护卫舰指挥官，随后几个月，他往返于英国和马耳他之间，待到女儿洗礼之后，又是一去就迟迟不归。11月，查尔斯（此时和妹妹一起生活在婴儿室）再次告别母亲，因为她又要远去马耳他与菲利普会合。虽然年龄尚小，但查尔斯王子跟父母相处的时间越来越少，也越来越依恋他的外祖母伊丽莎白王后。

即便查尔斯和菲利普待在一起，气氛也往往很紧张。爱丁堡公爵看出儿子多愁善感，试图训练他摆脱那种情绪，于是鼓励他用一种实际的方法解决问题。（同样的方法，菲利普自己百试不爽。）每当这时，父子就会出现摩擦。后来的岁月里，两个男人也常常如此，其原因早在查尔斯幼年时期就已种下：儿子摔了一跤，菲利普可能会抱起他，亲吻他，也可能会告诉他，自己爬起来，自己掸掉身上的灰尘。

不管怎么说，菲利普也是一位有趣的父亲，

▲ 王储出生的消息以简约而传统的布告形式张贴在白金汉宫大门外

▲ 1950年10月,伊丽莎白公主、菲利普王子、查尔斯王子、安妮公主在白金汉宫合影

▲ 国王乔治六世生命中的最后一个夏天，小查尔斯和他的外祖父母共度阳光灿烂的日子

在家期间总能给家人带来欢乐。即使他的妻子身为储君，即将扮演更为重要的角色，他也是无可争议的一家之主，是各项家庭事务中的主角。

1951年10月，伊丽莎白以王储身份偕菲利普正式出访加拿大和美国。这次北美之行使夫妇二人离家在外一个多月，也使他们错过了儿子的3岁生日。返回英国时，查尔斯和他的外祖母正在尤斯顿车站等候他们。不过，他只能眼巴巴瞅着，他们首先问候伊丽莎白王后，然后才轮到他。母亲给了他一个亲吻，父亲轻轻拍了一下他的脑袋。

就在接下来的分离中，查尔斯王子的童年生活发生了永久性的改变。1952年2月6日，乔治六世在睡梦中驾崩，他的女儿当时正在肯尼亚。随后，伊丽莎白继位成为女王，她的儿子则成了王储，有了新的头衔康沃尔公爵。也就是说，经历了最初那段幸福温馨的家庭生活，也承受了许多痛苦的离别之后，他迎来了一个新的角色。

查尔斯王子出生后不久，他的外祖母伊丽莎白王后写道："有个快乐、单纯、对未来充满希望的小外孙，真是人生一大乐事。"温莎王室期盼一个新时代，也渴望迎来更多变化，所以查尔斯一直是整个家族生活中的一颗开心果。但是，作为他们翘首以待的伊丽莎白公主的继承人，他也承载着他们对未来的莫大希望。与之相随的是巨大的责任，这份责任很快就要重重地压在小王子的肩上。

乔治六世病逝

"二战"的硝烟或许成就了他作为大英帝国领航者的形象，但同时也让这位受人爱戴的君主付出了代价。

文 / 杰西卡·莱格特

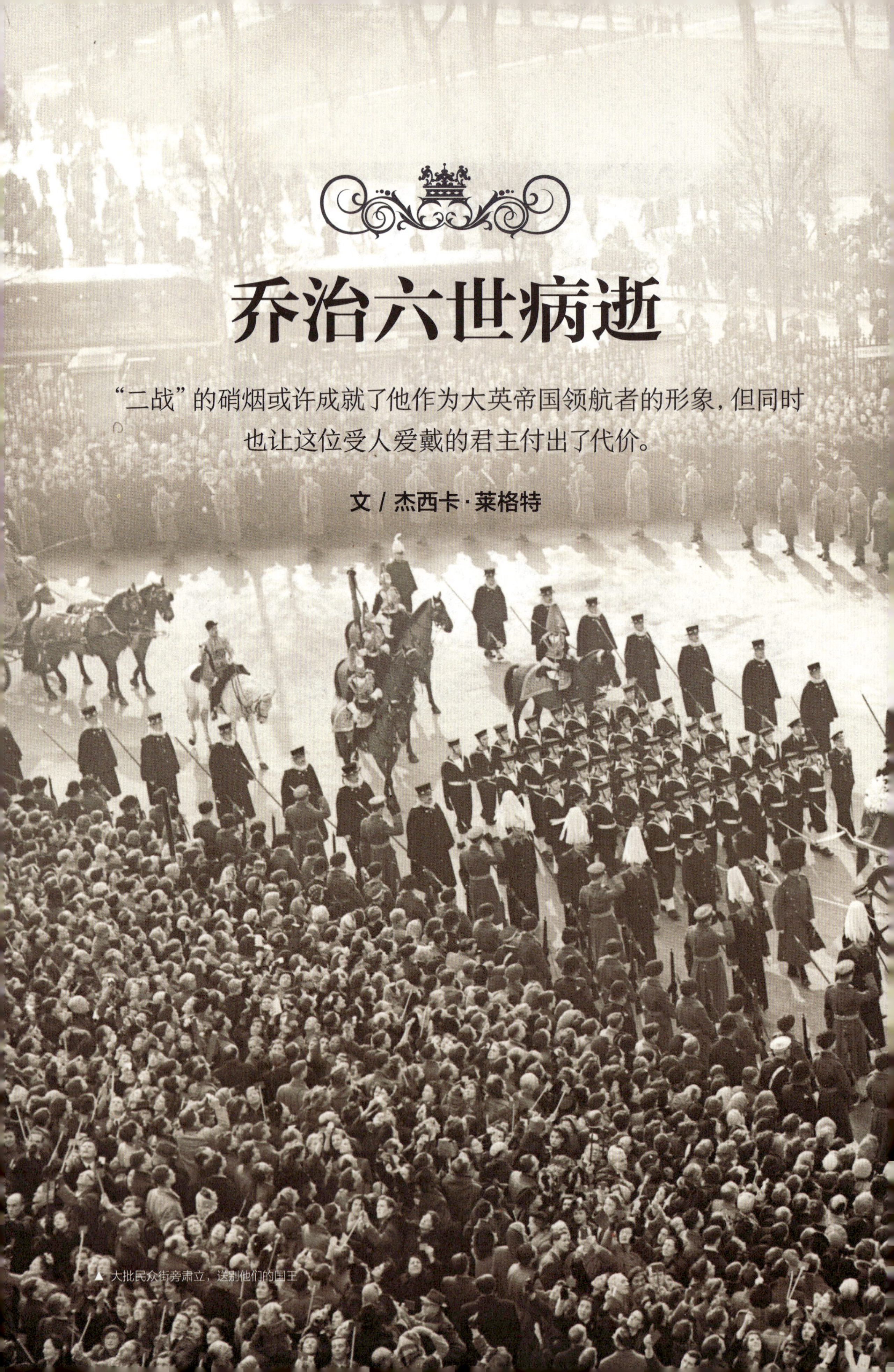

▲ 大批民众街旁肃立，送别他们的国王

时间定格在1952年2月6日。乔治六世的贴身男仆,詹姆士·麦克唐纳,一大早就前来服侍国王陛下。像往常一样,他开始为国王准备晨浴,同时他也知道,随着流水声响起,国王那边也该醒了。但是,浴盆里的水越来越满,却始终听不见脚步声传来。麦克唐纳心底一沉,走进卧室,只见国王躺在床上,一动不动。他赶紧叫来医生。很快,他的担心得到证实:乔治国王已在睡梦中与世长辞。

大半生里,乔治一直病痛不断,而且抽烟很凶,身体早已不堪重负。他的动脉已经硬化,脉管炎引起右侧腿脚的剧烈疼痛,使他只能放弃许多公开活动。实际上,因为动脉堵塞,乔治差点截去他的右腿。1949年3月,他不得不做了腰部的交感神经切除手术。

随着"二战"以及战后严峻的形势变化,乔治的身体状况越来越差,烟也抽得越来越凶。他成功带领全国人民奋勇向前,在战争的黑暗时期,他和他的家人更是成为希望的象征。但是,这副担子可不轻松。更何况,他是一个性急之人,当年同意戴上这顶王冠,也是事出无奈。

右腿发病之后,乔治只得推迟他的澳大利亚

进一步的化验确认,乔治的左侧肺部发现恶性肿瘤。

▲ 身着丧服的王太后(乔治的孀妇)、新任女王伊丽莎白二世和玛格丽特公主

和新西兰之行，重新做出安排，由他的长女和继承人伊丽莎白公主偕丈夫菲利普王子代为出访。随着乔治国王的健康每况愈下，伊丽莎白公主开始承担起更多责任，全力支持她无比崇敬的父王陛下。

然而，更糟的还在后面。1951年5月，国王尚能出席英国艺术节开幕式，但是很显然，他已病入膏肓。X光片显示，他的左肺呈现一块阴影。为避免给国王带来惊吓，医生只告诉他患了轻微肺炎，打几针青霉素就能治愈。

▲ 伦敦各条街道都站满希望瞻仰国王遗容的民众

次月，伊丽莎白公主代表她的父亲出席阅兵式，而国王本人则安心养病。随后几个月，情况日渐明朗，他的病比一般可治愈的肺炎要严重得多。进一步的化验确认，乔治的左侧肺部发现恶性肿瘤，医生建议国王实施手术，完全切除已经癌变的左肺。

乔治担心动刀恐有不测，但医生向他保证，这是最佳治疗方案。为避免他和他的家人更多担忧，他们声称是"结构性变化"要求必须切除左肺，没有直接承认其实就是肺癌。

为了这次手术，一间临时手术室在白金汉宫二楼搭建起来，里面包括一张手术台、灯光照明以及其他手术设备。为了不让国王的病情外泄，也为了确保他在手术过程中的隐私，如此安排可谓万无一失。

手术在1951年9月23日进行，主刀的是克莱门特·普赖斯·托马斯，此人后来因服务国王而被授予王家维多利亚二级爵士称号。乔治在他自己的房间打了麻药，随即被推进手术室。手术过程中，虽然他的左肺被成功摘除，但医生们最坏的担心还是变成了事实：癌细胞已扩散到他的右肺。乔治至多还能再活一年。

尽管病情不妙，医生还是不愿把乔治国王身患肺癌的噩耗直接告诉他本人。唯一觉察出情况不对的是国王的亲密战友，前首相温斯顿·丘吉

▲ 乔治国王在伦敦机场的留影，一周后他在桑德灵厄姆去世

尔。他跟自己的医生讨论后，得出结论：乔治病情严重。与此同时，乔治专心养病，争取每天下床几分钟，以改善血液循环。

10月，国王的病情依然不见好转。因其无法起床前去出席枢密院会议，为了议事，议员们迫不得已，只能组成一个小型代表团，聚集在他的卧室门口。此时的伊丽莎白公主正和菲利普王

▲ 在他的长兄于1936年引起逊位危机之后，乔治又让公众对君主制重拾信心

▲ 摄于1948年，"二战"中的操劳和吸烟习惯令国王未老先衰

▲ 父王的身体日渐衰弱，伊丽莎白公主开始承担越来越多的责任

子一道，开始对加拿大进行为期一个月的访问，这次出访已经因为父亲的病情一拖再拖。因为日渐担心国王的身体状况，伊丽莎白的私人秘书马丁·查特里斯随身带有一份即位声明和一封致英国议会的通告书，以防乔治在他们出访期间突然驾崩。

10月25日，丘吉尔再次当选首相，国王的精神为之一振，身体也似乎有了起色。11月14日，他的身体大为好转，甚至参加了查尔斯王子的3周岁生日会。12月，他还事先录好了当年的圣诞广播演讲，随后又动身去了桑德灵厄姆，陪家人一起过圣诞，甚至在他的庄园兴致勃勃地搞了几轮围猎。

临近1月底，伊丽莎白公主和菲利普王子准备途经肯尼亚出访澳大利亚和新西兰。这次出访准备已久，原计划是乔治国王偕伊丽莎白王后出行，但国王身体仍未痊愈，无法承受远途奔波。1月31日这天，乔治说什么也要去伦敦机场为女儿送行，尽管医生建议他最好别去。

机场送行是乔治最后一次出现在公众视野之内。他人生的最后几天是在桑德灵厄姆度过的。2月5日，他去世前一天，是他最后一次享受打猎的日子。他的男仆丹尼尔·隆上午11点给国王端来一杯热乎乎的可可饮料，但并没意识到，他是国王生前见到的最后一个人。第二天早上7点30分，乔治被发现在睡梦中因冠状动脉血栓症（心血管堵塞）死于他的床上，年仅56岁。

乔治的死讯宣布一个小时后，他的首席私人秘书，艾伦·拉塞尔斯，发出他去世的消息代码："海德公园角"。丘吉尔接到这一"坏消息"，立即咆哮道，"什么坏消息？简直太可怕了！"公众并不知晓此前国王病情严重，所以他去世的消息传来，对许多人来说不啻为晴天霹雳。

令人难过的是，在那些最后才得知乔治离世的人当中，就包括他的女儿伊丽莎白公主。头天晚上，她还在肯尼亚偏僻的树顶酒店观赏野生动物。接到消息，她和王室团队其他成员马上回到国内，25岁的她正式成为联合王国的新任女王。

国王去世的消息很快传遍全国。当日，各地英国国旗都降到一半，商店关门，工厂停工，大批民众开始自发来到白金汉宫外面表达他们的哀悼之情。乔治的灵柩先在桑德灵厄姆圣抹大拉的马利亚教堂停放两日，再通过火车运抵伦敦，随后安置在威斯敏斯特厅，供人们前来吊唁。从2月11日开始，陆续有30多万人来到这里，最后一次瞻仰他们无比敬爱的君主。

2月15日，乔治的葬礼在温莎城堡的圣乔治礼拜堂举行，他的遗体埋在王家墓室。政府送来一个花圈，以乔治创立的十字勋章为原型，由白色和淡紫色康乃馨编制而成，卡片上写有丘吉尔的题词：英勇过人。1969年，乔治的遗体由王家墓室转移到同样位于圣乔治礼拜堂内的国王乔治六世纪念堂。

在他的长兄爱德华八世逊位后，王权统治岌岌可危，乔治继任15年以来，终于成功地让人们对君主政体重拾信心。巧合的是，50年后，2002年2月15日，乔治的小女儿玛格丽特公主的葬礼也在同一天举行。此后仅过了7周，乔治的妻子伊丽莎白王后，即女王伊丽莎白二世的"母后陛下"，也与世长辞，又给王室家庭带来另一场哀恸。玛格丽特公主和伊丽莎白王后的遗体都安葬在乔治纪念堂，永远陪伴着她们的至亲至爱，英国人民爱戴的国王——乔治六世。

一篇感人至深的悼词

丘吉尔为纪念他的亲密战友乔治国王而作的悼词是他一生中最煽情的演讲之一

起初，国王乔治和温斯顿·丘吉尔彼此并无好感，两人的友谊是在"二战"的动荡时期建立起来的。众所周知，他们每周私下会面一次，一边享受简单的午餐，一边共同商讨战争的形势。

丘吉尔早已知道，乔治大限不远。乔治去世当天，他赶到伦敦机场，迎接新任君主——从肯尼亚匆匆回国的伊丽莎白女王。就在去机场途中，他口授了一篇演讲稿，当天下午他要对外广播，以纪念他的朋友和国王。据他的一位秘书说，当时，性格刚硬的丘吉尔"泪如雨下"。

丘吉尔这篇饱含深情的悼词，作为他最具感染力的演讲之一，已载入史册。在悼词中谈到国王的病情时，丘吉尔说："乔治国王生前最后几个月，忍受着身体的一切疼痛和重重压力，日复一日，命悬一线，但他一直开朗乐观，不屈不挠，虽重症在身，仍安之若素，甚至神情如常。这些都给我们留下深刻而持久的印象，也必将对所有人大有裨益。"

这是丘吉尔写给好友的悼词，他真挚的话语完美概括了国王乔治在他生命中最后几年勇敢面对的种种艰难。在丘吉尔之后的任期内，尽管开头并不轻松，但丘吉尔还是很快就和伊丽莎白密切合作，辅佐她顺利度过继位之后的最初三年，直到他1955年卸任。

▲ 温斯顿·丘吉尔当选首相后，国王与他结成牢固的同盟

▲ 玛格丽特公主,由她的丈夫安东尼·阿姆斯特朗-琼斯摄于1959年

玛格丽特公主的禁忌之恋

美貌、财富、宠爱，玛格丽特公主应有尽有，
但她对一位战斗英雄的迷恋为何注定化为泡影？

文 / 凯瑟琳·柯曾

很久以前，有一位公主，她几乎拥有一个女孩所能梦想的一切。她的美貌，她的权力，令认识她的人全都羡慕不已，要是这幅幸福的图画中再有一位现实的魅力王子，那才完美呢。对于这位美丽大方的妙龄公主，还有谁比英俊潇洒的王家空军战斗英雄更适合这个角色呢？他战功赫赫，就连国王本人也对他极其信任。对于公主和她的空中英雄来说，这简直就是现实版的童话故事。然而，这段充满悲伤、剪不断理还乱的爱情，直到玛格丽特公主去世，也终未真正迎来一个幸福的结局。

玛格丽特·罗丝公主殿下出生于1930年，她的父母是艾伯特和伊丽莎白，当时，他们被称为约克公爵和公爵夫人，远离社会的喧哗（后来她终被裹挟而去），安静地生活在自己家中。玛格丽特有个小姐姐，也叫伊丽莎白，就是我们现在更为熟知的女王伊丽莎白二世。无论如何，对她们的父母来说，玛格丽特和伊丽莎白仅仅是他们口中的"玛戈特"和"莉莉贝特"，是捧在他们手心的两颗明珠。

在玛格丽特公主无忧无虑的童年时代，毫无迹象显示，有一天她会成为国王的女儿，更别说还会成为英国历史上在位最久的女王的妹妹。然而造化弄人，总是令人捉摸不透。1936年的一场浪漫情事，把温莎王室推到了风口浪尖。

登基不到11个月，国王爱德华八世就宣布放弃他的王位。由于深陷对那位美国离婚女人沃利斯·辛普森的爱恋，爱德华不得不在江山和美人之间做出抉择。众所周知，国王最后听从内心的召唤，抛下国王的权杖，义无反顾地投进他心爱的女人的怀抱。多年以后，玛格丽特也面临同样的抉择，但是她的结局却没有那么浪漫。

爱德华离开英国，开启他新的生活，他身后的世界也随之发生了天翻地覆的变化。玛格丽特的父亲是一个胆小、害羞之人，人人皆知他严重口吃，当然也对坐上王位毫无野心。然而他知

▲ 维克多·布莱克曼摄影。公主结束加拿大之旅，重新踏上英国的土地

道，此时，他不能拒绝王室职责要求他必须承担的角色。于是，1936年12月，艾伯特登基为王，史称乔治六世。

虽然只有6岁，但玛格丽特·罗丝不再仅仅是一位害羞、内敛的公爵的女儿，此时的她已成为第二顺位王位继承人，她所享受的皮卡迪利大街上的安静生活一去不复返。王室一家住进了白金汉宫。突然之间，伊丽莎白和玛格丽特被抛向公众关注的前沿。但是，随着日子一天天过去，她们发现自己的生活几乎没什么变化。

新任国王和王后尽其所能，确保他们的女儿享有正常的童年。她们参加女童子军，走亲访友，始终避开公众的视线。两个女孩从小接受淑女教育，也尽享父母宠爱，尤其是国王，更是对女儿百依百顺。小伊丽莎白要为她日后的角色做好准备，而玛格丽特则毫无包袱，依然脚步轻松。

随着情窦初开，玛格丽特爱美之心益浓，也越发喜欢追求生活中那些更虚华的东西。她身材苗条，举止优雅，美若天仙，对时尚极为热衷。不管是走红毯时的光彩照人，还是做慈善时的全情投入，她都愿意成为人们关注的焦点。而且，玛格丽特思维敏捷，聪慧过人，人人渴望加入她所在的圈子。很快，她就成为上流社交圈的中心人物。尽管尚未成年，但显而易见，玛格丽特日后必将是一位十分称职的公主。

17岁时，玛格丽特公主陪同她的父母正式出访南非。这是一次命定之旅。访问期间，玛格丽特由空军上校彼得·汤森（Peter Townsend）陪伴，这位33岁的前王家空军军官是深得国王信任的侍从之一。汤森可谓实打实的战斗英雄，是任何一个少女心中的偶像级人物，他英俊潇洒，自信而又温文尔雅。1940年，他因作战英勇，荣获杰出飞行员十字勋章。汤森参加了不列颠之战，甚至曾经成功在海上迫降。他战绩辉煌，即使有伤在身，也斗志不减。手术切除一个大脚趾后，没过几周，这位空军军官就重返战场，驾机投入战斗。

"二战"结束，汤森从王家空军退役，进入宫廷，成为乔治六世的贴身侍卫。他是国王私人圈子里极受器重和信任的一员，后来被任命为"母后陛下"的家政审计总管，其地位之高可见一斑。一个是年轻貌美的温莎王室公主，一个是帅气成熟的王家空军军官，二人爱得火热，或许也在情理之中。但是，他们不可能有一个幸福的未来，因为汤森不只有风度、有功勋、有名望，他还是一位有妇之夫。

在伊丽莎白完成了和菲利普王子的大婚，安

她们参加女童子军，走亲访友，始终避开公众的视线。

在征求姐姐许可之前,她肯定已经猜到了结果。

身于人妻、人母和储君身份的同时,玛格丽特的生活仍处于充满忙乱、刺激和欢歌笑语的社交之中,她的身边从来不乏追随者。她百忙之中也会抽出时间履行王室义务,支持一系列慈善活动。然而,真正吸引媒体和公众关注的是她对社交的极度热衷,而且,她总是舞会上的耀眼之花。

世界给了玛格丽特公主迎头一击。1952年2月一个阴冷的日子,肺癌夺走了年仅56岁国王的生命。乔治和玛格丽特父女情深,他总是尽可能满足小女儿的愿望,因此遭人质疑,声称正是由于溺爱,她才变成这样一个有钱有势而又任性的小女孩。

如今,父亲一死,玛格丽特失去了依靠。以往那个幸福、快乐、充满活力的姑娘日渐消沉、忧伤、绝望、痛不欲生。没有了父亲的呵护,她感觉自己像断了线的风筝,一下子漂泊无定。似乎世上的一切都已颠倒。

随着伊丽莎白登基,玛格丽特又失去了姐姐这个良伴。新任女王和她的家人搬进白金汉宫,玛格丽特公主和她的母亲也随即迁往克拉伦斯府。与她们同行的就有新任审计总管,踌躇满志的空军上校彼得·汤森。公主神思恍惚之际,他非常愿意借她一副坚强的臂膀供她依靠。

其实,工作调动并非汤森生命中唯一的拐点。像玛格丽特一样,有一段时间,他也被持续的离婚官司搞得心力交瘁。然而,汤森婚姻的破裂暗示着官方说法背后隐藏着不可告人的丑闻。

1941年,汤森遇见罗斯玛丽·波尔,后者立即被这位年轻而有风度的战斗英雄迷住了。相处仅两周之后,二人结婚,接下来四年,两个儿子相继出生。鉴于两人结识14天就闪婚,他们的短命婚姻也许并不出人意料。但是关于二人分手的原因,官方一直讳莫如深,不禁令人浮想联翩。汤森先是被征召搏杀疆场,后又服务于王室,他与家人之间越来越聚少离多。罗斯玛丽厌倦了独守空房的日子,终于红杏出墙,开始了与

▶ 20世纪40年代拍摄的一幅玛格丽特的照片

空军上校彼得·汤森

见识一下令玛格丽特神魂颠倒的战斗英雄

空军上校彼得·汤森生于1914年,不到20岁,他就加入了王家空军,飞翔在战火硝烟之中。正是这段军旅生涯成就了他日后的飞黄腾达。

汤森在"二战"中的战绩可圈可点,有完胜,也有濒临绝境的英勇逃生,包括一次海上迫降,他甚至还被截去一个大脚趾!即使脚伤未愈,不能驾机,他依然掌控着他的飞行中队,没过一个月,他就重返天空。短短6个月,汤森就因他的卓越战绩而荣获杰出飞行员十字勋章。

战争结束,这位赫赫有名的火线英雄被迎进宫廷,成为深得国王信任的王家侍卫。到了1947年,汤森初见玛格丽特公主时,他已结婚5年有余,而且是两个孩子的父亲。他的这段婚姻结束于1952年,就在之后不久,他与玛格丽特的恋情和他向她求婚的消息曝光于世。

随着两人恋情告吹,彼得·汤森被派往布鲁塞尔,担任英国大使馆的空军武官。就是在驻比利时大使馆,他和他的秘书玛丽-卢斯·加玛尼坠入爱河。后来,人们注意到,他爱上的这个女人与他曾经的王室恋人在相貌上惊人的相似!

1959年,汤森和玛丽-卢斯携手走进幸福的婚姻,并生有一个女儿。二人历经40多年,始终不离不弃,直至他撒手人寰。

后半生中,汤森成为以军事题材见长的一位作家,还写了一本乔治六世的传记。在他本人的自传中,他分享了与公主之间那段跌宕起伏的浪漫爱情中令他难忘的几处细节,但其中更多的隐秘,他宁愿独自珍藏。1995年,空军上校彼得·汤森因肺癌于法国家中去世,享年80岁。

约翰·德·拉斯洛的一段风流韵事。这场婚外情最终导致二人于1952年正式离婚。

对于这场离婚,各家报纸大致就是这样认为的。然而,即使数十载过后,罗斯玛丽和汤森仍对此守口如瓶。不管媒体向这对前夫妻开出多高的价码,想要他们爆些猛料,二人始终心照不宣,拒绝提供关于他们婚姻破裂的任何八卦新闻。

事实上,在1952年乔治六世去世时,玛格丽特公主从未感到如此孤独,如此绝望,悲痛之中,她试图向自己信任的人寻求某种慰藉。她不想听那些社会名流朋友们的陈词滥调,也不愿再和舞会上结交的达官贵人们厮混,而是向彼得·汤森敞开了心扉。尽管没有任何可靠的证据显示,两人于1952年已坠入爱河,但是轻易便可猜到,即使二者并无肌肤之亲,他们的关系也必定早已跨越了公主和侍卫的界限。到了11月汤森申请离婚时,他和玛格丽特之间的情感肯定比之前更深一层。丑闻和悲剧的大幕徐徐拉开。

1953年,女王伊丽莎白二世初掌王权,正在准备一场盛大辉煌的加冕仪式。她最不希望听到的就是王室内部的插曲。但就在这时,彼得·汤森向玛格丽特公主求婚,而这一插曲即将传进新任女王的耳朵。

年轻的公主面对汤森的求婚,当然欣喜万分,芳心已许,但她接受之前,必先取得姐姐的首肯。听起来匪夷所思,但这一特别之规却是乔治家族的传统。1772年制定的《王室婚姻法案》对王室家庭成员的婚姻有严格规定,目的是确保王家血脉的纯正。其核心条款就是,所有王室成员必须首先征得在任君主的正式同意,方可谈婚论嫁。

尽管如此,对于过了25岁的王室成员来说,条款中还是有一个小小的空子可钻。就玛格丽特和汤森而言,只要议会不反对他们的婚姻,那么

▼ 玛格丽特与彼得·汤森,摄于1947年,王室一家南非之行期间

▲ 1955年10月18日的《每日镜报》在其首页以整版报道了公主的爱情

一年后,无论君主批准与否,均可举办婚礼。

至此,玛格丽特认识到,她的未来将由延续了几乎200年的一项法规所决定,而且她也发现,汤森远非她要嫁的最佳人选。他不仅年龄比她大出许多,还是一个离过婚的人。爱德华与那个离了婚的辛普森夫人的境遇,玛格丽特仍记忆犹新,在征求姐姐许可之前,她肯定已经猜到了结果。更严重的是,英国教会不承认离婚者再婚的合法性,这也使得二人的爱情小舟愈加风雨飘摇。

实际上,女王并没有立即拒绝妹妹的请求,而是要她稍缓一段时间,然后再做决定。这将给大家一个机会冷静一下,也让伊丽莎白调整自己以适应新的角色,还意味着,玛格丽特将满25岁,到那时,她便可以无须姐姐的批准而走进婚姻的殿堂。然而,在女王的加冕仪式上,玛格丽特和汤森旁若无人,彼此深情相望,二人的恋情随即曝光。在一个不经意的瞬间,玛格丽特伸手掸掉汤森夹克上面的线头,这一毫不避讳的亲昵之举,发生在忧伤、脆弱的公主身上,简直令人无法想象。这一幕,让各家小报如获至宝,也让英国民众备感欣慰。毕竟,他们希望看到公主快乐起来。

随着玛格丽特引起的公众舆论甚嚣尘上,女王决定让汤森搬出克拉伦斯府,回到白金汉宫。而议会的反应则更为激烈,直截了当地拒绝批准二人结婚,除非玛格丽特同意放弃她的王室身份以及各项特权,并让出她的王位继承权。假如玛格丽特同意放弃她的继承权,她就可以自由地投入恋人的怀抱,以民间仪式走进婚姻的殿堂。假如她希望保留自己的继承权,即使荣登王位的机会万分渺茫,玛格丽特也绝无可能嫁给汤森。

作为虔诚的基督教徒,玛格丽特别无选择。她也知道,她的一个决定可能波及整个国家。就在这时,政府把汤森派往布鲁塞尔,使二人分居

从未公开的一封信

为接受汤森的求婚，一封信已拟就待发

2004年1月2日，星期五，一批机密文件终于可以向世人公开了。保存在伦敦国家档案馆的文档中包含了白金汉宫和首相府之间的一些通信，正好涉及玛格丽特公主的情事。

和那些官方文件一起封存已久的是一段颇为惊心的伤感历史。玛格丽特公主草拟的一封信中，确认她要嫁给彼得·汤森，并同意放弃她的王位继承权。

然而最终，玛格丽特公主还是理智战胜了情感，于1955年10月31日公开宣布，她不会嫁给汤森。她草拟的这份同意书从未公开。

两地。经过漫长而痛苦的心理斗争，她终于做出了决定。

2009年，玛格丽特公主写给首相安东尼·艾登的一封信首度公开，信中披露，她对自己的婚姻还有疑虑，虽苦苦挣扎也难以决断。公众的目光，媒体的关注，让这位年轻的女子身陷炼狱。她决心做出正确的选择，做出自己的选择，不管别人如何说三道四。然而，当她真的宣布与汤森分手时，那份声明却是首相为她拟好了的，用整洁的铅笔字体记录下来的话语。

考虑到教会对于离婚者再婚的立场，也顾及她对女王姐姐的臣民所负有的责任，玛格丽特通过无线电波向全国通告：她不会嫁给彼得·汤森。"……铭记教义，基督徒之婚姻牢不可破；身负职责，英联邦之义务时刻挂心……"她宣布，两人分道扬镳。这是发自内心的崇高表白，抑或只是暗含更多讥讽之意？此后一直有人猜测，玛格丽特的决定并非基督教信仰所致，而是源于她本人的爱慕虚荣。事实上，她根本不愿为了爱情而放弃她的王室生活和各项特权。按照有些人的说法，她的伯父遵从于他的心灵，而她则始终追随她的自我。

岁月流逝，玛格丽特公主和彼得·汤森再也没能走到一起。虽然世界各地的追求者不断，但她从未考虑过嫁给任何人，直到1959年，汤森告诉玛格丽特，他要再婚了。就在第二天，公主接受了摄影师安东尼·阿姆斯特朗-琼斯（后来的斯诺登勋爵）的求婚。又一次，玛格丽特选择

在一个不经意的瞬间，玛格丽特伸手掸掉了汤森夹克上面的线头。

▲ 彼得·汤森与他的妻子玛丽-卢斯·加玛尼，后者简直就是玛格丽特公主的翻版

1995年，她也于2002年去世。随着时光流转，她成了爱慕虚荣的代名词，一个在女王姐姐身边愤愤不平的享乐主义者。可是曾经，她也是公众赞美的焦点啊！人们认为，她理应得到幸福。但是后来，她将与斯诺登离婚这一闻所未闻的决定，一下子把王室婚姻的问题推到了公众的眼前。她的经历给随后的王室成员开了一个先例，确保了王室家庭也可以离婚。温莎王室的成员们再也无须在沉默中忍受煎熬。在后来的岁月中，她的好几个晚辈也像她一样踏进离婚法庭。

汤森和玛格丽特偶尔也有书信往来，但是二人将近四十载再未谋面。一次非常意外的机会，令这对曾经的恋人在肯辛顿宫的午餐会上重逢了。不管曾经的分离给他们带来多少伤痛，时光都已将其一一抚平。两人径直走向对方，在这里，他们一起度过了整个下午，像老友一般谈天说地，回忆这些年来彼此经历的点点滴滴。

玛格丽特公主做出决定，拒绝彼得·汤森的求婚，彻底斩断情丝，保住她的头衔，究竟是受虚荣心的驱动，还是出于她的宗教信条和职责坚守，我们永远无从真正知晓。然而，汤森是有过一些怀疑的。他在自传中写道，玛格丽特并没有准备放弃"她的地位、她的特权和她的王室专用金"。他的文字看似温情脉脉，但细细琢磨似有责备之意。

玛格丽特热衷于派对，结交狐朋狗友，行为放荡不羁，早已名声在外。她能否安于做一位战斗英雄的妻子，也同样是一个未知数。她这一生可谓风光无限，然而有时，她肯定也会回首往事，扪心自问：假如选择了另一条路，那会怎样？

了一个远非理想的人生伴侣，但至少这次，他不是一个离了婚且有两个孩子的男人。

作为社交偶像和时尚标杆，玛格丽特的生活从来都是报纸上的头条或上流社会沙龙中人们窃窃私语的对象。传闻中她的情人形形色色，诸如华伦·比提、大卫·尼文、罗宾·道格拉斯-霍姆（此人在他们的恋情告吹时自杀）等等。随着与斯诺登日渐聚少离多，玛格丽特开始了与罗迪·卢埃林的一段婚外恋。公主沉溺至深，几欲殉情。卢埃林几乎比她小17岁，正是街头小报梦寐以求的人物，他和玛格丽特恋爱仅仅几周后，报纸头版就以整版刊出：公主与斯诺登公开宣布婚姻终结。1978年，摄影师与公主正式离婚。

玛格丽特公主没有再婚。彼得·汤森死于

此后一直有人猜测，玛格丽特的决定并非基督教信仰所致。

▲ 玛格丽特公主,拍摄于她的婚礼日

公主与大佬

为使玛格丽特摆脱丑闻,军情五处真的介入了吗?

约翰·宾登(John Bindon),人称街头"匹夫"(Biffo),可以说是来与玛格丽特公主完全不同的世界。此人一度演过戏,曾被怀疑实施谋杀,长期与伦敦最臭名昭著的几个黑社会大佬为友。他也声称与公主有过风流韵事。

匹夫之所以能跻身于上流社会,完全归功于他和薇姬(一位准男爵的女儿)之间的恋情。在20世纪60年代,他最为风光的时候,声称玛格丽特邀请他去了马斯蒂克岛上的加勒比私人度假村,两人曾在海滩上尽情嬉戏。

玛格丽特断然否认见过匹夫,完全不顾两人有一张在马斯蒂克岛上的合照。尽管不是什么传闻中所说的艳照,但是匹夫T恤衫上印着的"享受可卡因"标识,肯定给当权人物敲响了警钟。

1971年,故事又有反转。劳埃德银行贝克街支行遭到抢劫。据传,被抢之物中有些匹夫和公主的不雅照,是一个名叫迈克尔·X的大佬存放在保险箱中的。然而,就在各种猜测甚嚣尘上之际,政府却出人意外地下达了一道封口令:不许报道此次抢劫,不许揣测被抢之物,当然也不许妄议非法拍摄的温莎王室成员的清晰照片。

随着时光的推移,关于公主、大佬和那些艳照的传闻,不但没有偃旗息鼓,而且愈演愈烈。出现了各种阴谋论,声称抢劫是在政府最高层的授意之下,由军情五处精心策划实施,意图取回并销毁那些照片。

随着迈克尔·X死去,别人也不愿再追究此事,但它一直发酵,吊着人的胃口,倒是给作家和电影人带来许多创作灵感。我们永远无法知道那些照片是否存在,如果真的存在,也不知道拍到了什么样的画面。无论怎样,对于玛格丽特公主来说,那只是她享乐生活中的又一篇章而已。

▲ 玛格丽特与约翰·"匹夫"·宾登一起享受阳光,她却声称从未见过后者

▲ 玛格丽特与她的丈夫斯诺登勋爵以及他们的两个孩子,摄于1964年6月

幸福与荣耀

在位65年多,伊丽莎白女王见证了她的国家所发生的巨大变化。

文 / 玛西亚·穆迪

1952年2月5日晚上,一位年轻女子爬上一棵树,当时她还是公主。第二天早上,她从树上下来,就摇身一变成了女王。伊丽莎白公主和她的丈夫菲利普王子,于六天前开始了他们的肯尼亚、新西兰和澳大利亚之行。在内罗毕各处忙碌了几天之后,当晚他们下榻在肯尼亚涅里附近的树顶酒店。公主顺着一架摇摇晃晃的梯子爬上树屋,一连几个小时都在用她的摄像机拍摄暮色中的大象。第二天早上,还没等天亮,她又起身继续观察那些野生动物。此时她并不知道,远在6000多千米之外,她的父亲即将与世长辞。

接下来几个小时,毫不知情的她仍在兴致盎然地拍摄酒吧旁的犀牛,享受炒蛋加熏肉的早餐。上午10点,她又踏上行程。直到当天下午,她才获悉父亲的死讯。因为密码木的钥匙没能找到,所以加密电报没有及时破译。消息最终确认后,菲利普王子通知了他的妻子。

乔治六世一直抽烟很凶,在前一年确诊患有肺癌之后,他的一个肺被摘除,因此不适合远行出访。她的女儿伊丽莎白公主由丈夫陪同,代父出行。在伦敦机场,当她向停机坪上的父亲挥手告别时,他似乎还蛮有精神。随后,他的病情迅速恶化。1952年2月6日凌晨,他在睡梦中逝于桑德灵厄姆庄园。沿着肯尼亚山的山脚散步时,菲利普王子把这一消息透露给他的妻子,两人聊了一会儿,并没停下他们的脚步。当晚,他们赶

1952年2月6日

国王乔治六世驾崩

巡访肯尼亚期间,公主获悉父亲在平静中与世长辞。新任女王取消余下的行程,立即飞回英国继承王位。

1953年5月2日

首场足球赛

伊丽莎白二世出席观看了她登基后的首场足球赛。1953年,足总杯决赛在布莱克浦队和博尔顿流浪者队之间展开,后者获胜。

1953年6月2日

伊丽莎白女王加冕

父亲去世18个月后,伊丽莎白二世在威斯敏斯特大教堂加冕。约有2700万人通过电视观看了加冕庆典,1100万人收听了广播。

· 208 ·

▲ 塞西尔·比顿拍摄的官方版伊丽莎白二世加冕像

1953年11月24日

开启英联邦之行

加冕后,伊丽莎白二世踏上英联邦巡访之旅,继续她在父亲去世时中断的行程。

1957年12月25日

首次电视直播圣诞讲话

女王伊丽莎白二世继承父亲的传统,每年圣诞节都要发表讲话。1957年,她在电视上发表现场直播讲话。

1960年2月19日

安德鲁王子出生

伊丽莎白二世女王和菲利普亲王的第二个儿子,即他们的第三个孩子安德鲁王子,出生于白金汉宫,名字取自他的祖父。

往机场。在此之前,她起草了几封信,向那些正期待她的下一站访问的人表示歉意。她"十分沉着,牢牢把握着自己的命运",伊丽莎白的私人秘书马丁·查特里斯后来说道。飞机上,她收到母亲的电报,上面写着:"致女王陛下:想念并祝福你。妈妈,白金汉宫。"到了伦敦,伊丽莎白一下飞机,就看见前来迎接的首相温斯顿·丘吉尔,还有他的同僚以及其他政界要员,包括克莱门特·艾德礼和安东尼·艾登。25岁的她,家里还有两个孩子(3岁的查尔斯王子和18个月大的安妮公主),不仅要应对父亲的去世,她的人生也已发生了永久性的改变。她曾经是年轻的随军妻子、全职母亲和英国储君,而现在,那些角色一去不复返了。

20世纪50年代:顶撞丘吉尔

婚礼之后那些年,她长居马耳他,因为菲利普王子作为王家海军军官驻扎在那里。她经常开车四处兜风,去影院看电影,参加各种舞会。舞会上,乐队总会演唱她和菲利普喜欢的那首歌——音乐剧《俄克拉荷马》中的《人们会说我们相爱了》。现在,菲利普的海军生涯即将宣告结束,因为伊丽莎白已经是大不列颠及北爱尔兰联合王国的女王、英联邦的元首、信仰捍卫者及英国教会最高领袖、三军统帅。作为一个女人,她突然被推进男人的世界。

军队和教会的头头脑脑,政客以及政府要员,全都是男性,不过,她已经成为一个令人敬

▲ 伊丽莎白二世的加冕典礼通过电视向世界播放,这是英国历史上君主政体的又一个首创

▲ 1957年10月,女王和她的丈夫,以及他们的孩子查尔斯王子和安妮公主,自豪地合影留念

▲ 伊丽莎白二世头戴王冠，身披貂皮镶边的斗篷，与菲利普亲王合影于白金汉宫正殿

畏的年轻女子，开始按照她的意愿执掌朝政。她的加冕仪式安排在第二年举行，78岁的温斯顿·丘吉尔并不希望电视直播这一事件，已进谏表明了他的态度。但是这位羽翼渐丰的女王，深知吸纳民众参与这样一项盛事（也积极拥抱现代科技进步）的意义，所以她坚持要让电视同步直播她的登基大典。1953年6月2日，就在伊丽莎白继位16个月后（君主去世，要哀悼一段时间以示尊重），伊丽莎白二世女王的加冕典礼在威斯敏斯特大教堂举行。她的统治有了一个良好的开端，她从父亲手中继承了一个坚决拥护王权的国家，她的一生都将与它风雨同舟。

20世纪60年代：与时俱进

20世纪60年代的轻灵之风，并没有像横扫世界其他地方那样，吹进白金汉宫的走廊，但在某种程度上，这里时而也在发生着变化。许多年来，王室成员的生活是自成体系的。王室婴儿出生在王宫而非医院，孩子也是在家完成教育（家庭教师由王室专门聘用），而不是送到公立学校。

查尔斯王子是首位走进学校的王储。1965年，他又成了首位通过普通水平考试（要通过5门课程考试）的王储，两年后又通过了高级水平考试（历史得了B，法语得了C）。① 不仅王室成员走出家门，融入公众，公众也首次被请进宫门。在菲利普亲王的建议下，白金汉宫于1962年向公众开放。随着女王美术馆的落成，各种王家珍藏（藏品属于国家，而非女王陛下私藏）开始——展示在公众面前。在此之前，普通人离得再近，也只能透过宫墙外的栅栏向里面张望，极少数精英才会被请去参加一年一度的花园派对。没有请帖，谁也别想穿过宫前广场，走进重重宫门。

---

① 普通水平考试（O-Levels）是英国的中学毕业考试，高级水平考试（A-Levels）是英国的大学入学考试。——编者注

1964年3月10日
爱德华王子出生
伊丽莎白二世女王和菲利普亲王最小的孩子爱德华王子，在他的哥哥安德鲁出生4年后，也降生在白金汉宫。

1965年5月
女王访问德国
伊丽莎白成为52年里首位踏足德国的英国在位君主。女王来到联邦德国，在为期11天的行程中，她亲身体验到了柏林墙的存在。

1969年6月21日
《王室家庭》开播
一部密切关注王室家庭真实生活的纪录片开播（如今这部片已经被封存，远离公众的视野）。安妮公主特别讨厌这部纪录片，她公开说："我认为那是一部烂片。"

▲ 1967年，伊丽莎白王太后，即"母后陛下"，与跟她同名的女儿伊丽莎白二世女王的合影

1970年
王室散步之旅
在一次澳新之行中，王室散步正式开始。女王和她的丈夫尽可能接见更多国民。

1972年5月28日
爱德华八世去世
逊位后的爱德华八世大部分时间住在巴黎。他的遗体安葬在温莎城堡。14年后，沃利斯·辛普森去世，安葬在他的身旁。

1976年3月29日
第一封电子邮件
她是最早发送电子邮件的国家首脑之一。在一个军事基地视察期间，伊丽莎白点了几下按键，就发出了她的第一封电子邮件。她的用户名是HME2，即伊丽莎白二世陛下。

1977年6月7日
25周年纪念
登基25年后，女王参加银禧纪念庆祝活动。夏季，她参加了一次巡游，有意尽可能多地接触民众。

·213·

6年后，桑德灵厄姆国家公园向公众免费开放，随即，女王的诺福克庄园也对外开放。两座庄园的开放破除了隔在王室和民众之间的那道墙，为两者建立新型关系铺平了道路。但是，这还不算最具开创性的一步。1969年，为纪念查尔斯王子荣升威尔士亲王，女王同意播出一部秘密实拍的纪录片——《王室家庭》。这部片子历时一年多拍摄完成，以惊人的视角洞悉了宫门背后的生活。6月21日，BBC播出了这一节目，吸引了全国68%的民众，同时，全球约有3.5亿人收看。此后，因为担心会让王室家庭显得过于"普通"，这部片子一直未再公映。

20世纪70年代：让我们谈谈

如果说20世纪60年代的进步是王室主动拉近与民众的距离，那么70年代的主旋律就是王室家庭成员之间彼此亲密。先有戴安娜王妃，后有剑桥公爵和公爵夫人以及哈里王子，都曾因为打破藩篱，营造一种全新的、更加"可触可感"的王室氛围而备受好评。但是这一切，还得归功于女王当初的引领。1970年出访新西兰和澳大利亚期间，她力行"王室散步"，从而打破了延续几个世纪的王家礼仪。在新西兰的惠灵顿，她遇见一群孩子，停下来跟他们闲聊之后，她又跟他们一一握手，接受他们献上的一束束鲜花。虽然只是一个简单的举动，但它却永远改变了王室出访的面貌。

推行"散步"之前，王室一家只是坐在车上，一边穿过拥挤的大街，一边远远地挥手致意，或者在离开某幢建筑时，他们面带微笑，挥手作别。王家车队从民众面前通过，让民众看见而不是接近，这是通行之规。同时，谁适合迎接君主，要经侍从批准，气氛也要严肃。然而，随

▲ 1960年，伊丽莎白与英联邦各国首相在温莎城堡举行会议

▲ 首相爱德华·希思和女王陛下一起陪同来访的美国总统理查德·尼克松和他的夫人

着死板的20世纪50年代成为过去,社会氛围愈加宽松,民众对王权的敬畏正在演变为情感上的联系。"散步"恰逢其时,堪称开拓性的精明之举,这意味着,王室一家看起来不再那么遥远。到了80年代和90年代,戴安娜王妃在这一基础上更进一步,她张开双臂走进人群之中。王妃之所以大受欢迎,很大程度上是因为她与民众面对面时,让他们感受到了她的感受。这可没那么容易办到,除非她有机会实际问候民众、拥抱民众或与民众一起欢笑。现在,王室的年轻成员们,威廉、凯特、哈里和梅根等人,纷纷效仿,不时爆出一些小小的花絮。另一方面,菲利普亲王和安妮公主在引入"散步"之后的首次出访中都惹了麻烦。据说,菲利普用希腊语骂了一句脏话,而安妮更是语惊四座,在一个大风天里,她忍不住叫嚷道:"这该死的风!"

20世纪80年代:国际关系

一晃十载,整个世界都在审视戴安娜王妃那一身行头。与此同时,女王也在悄悄让世人看到,一个不再行使任何政治权力的角色,依然能够为外交事业尽一份力。想当年,亨利八世对阿拉贡的凯瑟琳王后说,"这样不行",并于1536年永久性地改变了他的国家宗教。此后,大不列颠和梵蒂冈之间的关系一直剑拔弩张。伊丽莎白一世统治时期,英国法律严禁与教皇国的任何官方往来,1801年,大不列颠及爱尔兰联合王国的建立更是导致摩擦加剧。不过,1829年,与教皇国有关的司法障碍被移除,从而为新

▲ 1977年6月7日，达勒姆郡的锡尼姆，人们举行街头派对庆祝女王执政25周年

时代的到来打开了大门。

　　1980年，教皇约翰·保罗二世向女王发来贺信，赞美她在北爱尔兰动荡时期为推进和平进程做出的努力，这也为他1982年的历史性访问（450年来访问英国的首位教皇）铺平了道路。来访期间，约翰·保罗二世在白金汉宫与女王会面，成为首位访问坎特伯雷大教堂的教皇，并在文布利体育场与8万民众一起共祝弥撒。他的来访并不是这10年里国际关系中唯一的重大事件。4年后，女王开始了她的东方之行，这也是她最重要的海外巡访的一部分。

英国与中国之间的重重障碍，是几个世纪以来的遗留问题。20世纪60年代，香港一直骚乱不断，反对英国统治。1984年12月，英国首相玛格丽特·撒切尔与中国领导人展开会谈。经过几轮唇枪舌剑，双方最终签署《中英联合声明》，这意味着香港将于1997年7月1日交还给中国。紧接着，时隔不到两年，女王偕菲利普亲王访华，这是第一位对中国进行正式国事访问的英国在位君主。走在西安新出土的兵马俑队伍中的她，也缔造了两国之间重要的新式关系。这些出镜率很高的访问，对缔造和巩固与

1981年7月29日
查尔斯王子与戴安娜结婚
2月订婚之后，未来的国王终于在伦敦圣保罗大教堂迎娶平民王妃戴安娜。全球7.5亿电视观众收看了盛大的婚礼仪式。

1982年6月21日
威廉王子出生
查尔斯王子和戴安娜王妃的大儿子，第二顺位继承人，威廉·亚瑟·菲利普·路易斯，出生于伦敦圣玛丽医院林都院区。

1982年7月9日
私闯白金汉宫
一个名叫迈克尔·费根的男子通过女王的卧室非法闯进王家宅院。报警时，他正大摇大摆地穿过走廊——堪称史上最糟糕的安保漏洞之一。

1984年9月15日
哈里王子出生
王储的二儿子，亨利·查尔斯·艾伯特·大卫，即哈里王子，在他的哥哥出生后不久，也降生在伦敦圣玛丽医院。

▲ 1981年那场"童话般的"婚礼前夜，查尔斯王子和他的未婚妻戴安娜·斯宾瑟女士合影

| 1992年11月20日 | 1996年8月28日 | 1997年8月31日 | 1997年11月20日 |

温莎城堡火灾
一场可怕的大火席卷温莎城堡，所到之处一切皆化为废墟。损失估值高达3600万英镑。这一年成为女王口中"可怕的一年"。

查尔斯王子与戴安娜离婚
平民王妃与查尔斯王子分居多年。最终，他们的婚姻宣告正式瓦解。

戴安娜香消玉殒
与查尔斯王子离婚后仅一年多，戴安娜便在巴黎的一次车祸中不幸丧生。她的突然离世令整个英国一片哀恸。

金婚纪念日
女王伊丽莎白二世和菲利普亲王庆祝他们的金婚纪念日。二人在白金汉宫为庆祝同一纪念日的其他夫妻举办了一场花园派对。

▲ 1986年7月，斯特灵城堡，一个放松的瞬间，女王与老兵们一起开怀大笑

其他国家的关系，起到了无可估量的作用，也必将成为充满变数的君主制度的一笔宝贵遗产。

20世纪90年代：现实弄人

随着女王的统治进入90年代，她所受到的拥戴已经大不如从前。（从加冕直到80年代，都是她的黄金时期。）三位王室成员离婚，婚外情，宫墙外的冷嘲热讽，都在削弱人们对王室的爱戴之情。有人偷录私人电话出售给报社，有人公开出版各种揭秘书籍，普通民众也纷纷选边站队。另外，有人指责君主制度已经过时，纯粹劳民伤财。90年代的许多民意测验显示，王室支持率已经下降，大多数人不相信王权统治还能再延续100年。王室家庭简直游离于国家之外了。

宫墙内外生活的差异一直惹人关注。王室很少与公众交往，王室家庭的日常生活，他们的所思所想和兴趣爱好都与普通民众大不相同。20世纪的世界日新月异，发生了翻天覆地的变化，王室内部也采取了种种举措以减少这种差异，但还远远不够。王室逐渐丧失了权力，只保留某些特权。但是，1992年底，一场大火给温莎城堡造成估值3600万英镑的损失（女王自述是"可怕的一年"）。结果，就连那些特权，其中也有一

2002年2月9日	2002年3月30日	2002年4月30日	2007年12月20日
玛格丽特公主去世	**王太后去世**	**在位50年**	**最长寿的君主**
女王唯一的妹妹因中风突然离世，享年71岁。她的一生，特别是她的私生活，一直备受争议。	妹妹去世仅仅几周后，女王再遭不幸。母后陛下撒手人寰，享年101岁，是当时王室家族中最长寿的一员。	伊丽莎白二世女王庆祝自己登基50周年。有史以来第一次，白金汉宫花园举办的几场庆典音乐会，面向公众开放。	这一天，女王伊丽莎白二世成为英国历史上最长寿的君主。她超越了她的高祖母维多利亚，后者以81岁高龄辞别人世。

项最终被重新评估。

温莎城堡不是私人宅院，而是国有，所以维修费用要由纳税人承担。然而，社会上对此事的讨论上升到议会下院后，演变成了更加宽泛的议题：女王该不该纳税？后来，女王主动开始缴纳税款，《王室税法谅解备忘录》也于1993年2月正式颁布。从1994年4月起，女王一直缴纳个人所得税和资本收益税。另外，温莎城堡的修复也并未动用公共资金。女王下令，在她夏季不住在宫里的那几个月，白金汉宫国务厅向公众开放。这就是说，修复温莎城堡所需的资金，主要来自白金汉宫的门票销售，以及王宫礼品店增加的那部分营业所得。

2000年代：暗中变革

爱德华八世的逊位曾引起宪法危机，有了这一前车之鉴，如何应对双双离婚的查尔斯王子和卡米拉·帕克·鲍尔斯之间的情事，就需要格外慎重。从历史上看，英国教会不允许在前配偶尚在的情况下再婚。2002年，这一规定终于改变。根据当事的教堂牧师提议，教会投票表决：离婚者可以再婚。这样，查尔斯就可以和卡米拉结婚，也不影响他有朝一日继承王位。

自打30年前，查尔斯不被允许迎娶他所爱的女人开始，事情就一直不顺。这对命运多舛的恋人最初相恋于1971年，当时，查尔斯23岁，卡

▲ 戴安娜王妃的送葬队列（她的灵柩安放在礼仪马车上）穿过伦敦圣詹姆士公园

2011年4月29日	2012年6月2—5日	2012年9月9日	2016年4月21日
威廉迎娶凯瑟琳	**钻石庆典**	**执政最久的君主**	**90大寿**
在威斯敏斯特大教堂盛大而隆重的仪式中，威廉王子迎娶了他的爱人，凯特·米德尔顿。世界各地都转播了这场婚礼。祝福的人遍布大街小巷。	为庆祝女王执政60周年，全国上下举行了为期一周的活动。在这一年，她走遍英伦各地，以纪念这个特殊的年份。	伊丽莎白超越维多利亚，不仅是英国最长寿的君主，还成为执政最久的君主。维多利亚在位63年7个月2天。	女王的实际生日是4月21日，这时她已满90岁。但是，她正式庆祝自己的生日是在6月的一个周六，阅兵庆典这天。

▲ 温莎城堡（世界上最大的有人居住的城堡）烧了12个小时，造成价值数千万英镑的损失

米拉·尚德24岁。但查尔斯不愿过早背负家庭义务，于是加入了海军。与此同时，卡米拉重返前男友安德鲁·帕克·鲍尔斯的怀抱，不久，两人结婚。在写给他的教父蒙巴顿勋爵的一封信中，查尔斯哀叹道："我想这种空虚的感觉终将成为过去。"

与戴安娜的婚姻破裂后，他回到了已经恢复单身的卡米拉身边。随着戴安娜不幸殒命，二人准备公开他们的恋情。查尔斯和卡米拉两人首度一起公开露面，是在两年后的1999年，丽兹酒店举办的卡米拉妹妹的生日聚会上。但是，许多年来，两人的关系一直很不受人待见，这使王室声誉降到了数十年以来的最低谷。2005年，伴着女王的祝福，两人在温莎市政厅宣布结婚。鉴于她的宗教地位，女王认为她不应参加民间的婚礼仪式，于是选择避开。然而，她却参加了随后在温莎城堡圣乔治礼拜堂举行的祈福会。经历了20世纪90年代的灾难，在接下来的10年中，温莎王室一直都在重建家庭，在深锁的宫门背后悄悄进行变革。之前，女王一直专注于办大事，诸如让王室一家与公众更趋亲近，进行开创性的国际访问，像普通民众一样缴纳赋税，等等。而现在，王室也需要进行一些细节上的革新。

20世纪10年代：新生代

威廉王子和凯特·米德尔顿，作为频频出镜的一对情侣，被推上世界的舞台。随着2010年11月二人订婚的消息正式发布，他们的爱情也终于修成正果。凯特之所以能融入王室生活，也是经历了缓慢的磨合和一系列的咨询。女王建议威廉，撕掉服务人员开出的正式参加婚礼的客人名单，优先考虑邀请他的朋友们。所以，婚礼当天，凯特的家人走出教堂后，并没有被"拒之门外"，这可是多少年以来，温莎的姻亲们破天荒

▲ 王室又添新鲜血液：威廉王子和凯瑟琳·米德尔顿在威斯敏斯特大教堂牵手走上红毯

的一次礼遇！

对许多人来说，这10年中，女王的决定性时刻就是2012年伦敦奥运会开幕式上，与詹姆斯·邦德一起现身。但是或许对她来说，最重要的事件还是2011年，她85岁这年，历史性地出访爱尔兰。在将近500年的时间里，英国和爱尔兰的关系一直复杂而又危险，但在北爱尔兰冲突正式结束13年后，女王于2011年5月踏上这片土地。这是北爱尔兰动荡以来，英国君主首次访问爱尔兰，所以城市中心禁绝一切车辆，以防恐怖炸弹袭击。100多名英国武装警察现身大街之上，另外还征召了8000名地方警察和2000名士兵协同保护。除了其他活动，女王还在都柏林城堡（曾经是英国在爱尔兰的统治中心）做了一次演讲，她说："这次来访让我想到，我们的历史源远流长，千头万绪，错综复杂，但重要的是，我们彼此宽容，彼此和解。我们有勇气承认过去，而不受它的束缚。"

温莎王朝的未来

230

238

234

224　下一代
227　帝国终结，英联邦诞生
235　走向未来的百年老店

继承顺序　 婚配　 离异

下一代

随着时代进入又一个千年，
温莎王朝继续与时俱进，拥抱全新的世界。

卡米拉，康沃尔公爵夫人
（1947— ）
嫁给威尔士亲王后，卡米拉承担起她的角色，积极赞助几家慈善机构。

查尔斯，威尔士亲王
（1948— ）
与戴安娜离婚后，查尔斯和卡米拉旧情复燃，两人于2005年结婚。

戴安娜，威尔士王妃
（1961—1997）
离婚后，戴安娜一如既往地献身慈善。她的早逝举国哀悼。

蒂莫西·劳伦斯
（1955— ）
蒂莫西，现在是一位退役的王家海军军官。1986年，他在担任女王侍卫期间结识安妮，二人于1992年结婚。

安妮公主
（1950— ）
安妮作为兄长身边最勤奋的王室成员而备受拥戴。

威廉，剑桥公爵
（1982— ）
威廉和凯瑟琳结婚后被授予剑桥公爵和公爵夫人头衔。

凯瑟琳
（1982— ）
凯瑟琳和威廉上大学时相识，二人恋爱几年后，于2011年4月在威斯敏斯特大教堂结婚。

哈里，苏塞克斯公爵
（1984— ）
2018年5月，哈里迎娶女演员梅根·马克尔，二人被授予苏塞克斯公爵和公爵夫人头衔。

梅根
（1981— ）
2019年5月，梅根和哈里迎来了他们的儿子。2020年1月，二人宣布放弃王室高级身份。

乔治
（2013— ）

夏洛特
（2015— ）

路易斯
（2018— ）

阿奇
（2019— ）

威尔士王妃戴安娜与她的两个儿子在索普公园的原木流送槽上

伊丽莎白二世
（1926—
1952— 在位）

⚭

菲利普亲王，爱丁堡公爵
（1921—2021）

马克·菲利普斯
（1948— ）

1973年，马克与安妮结婚，1992年，二人离婚。马克曾于1972年获得一块马术项目的奥运金牌。

安德鲁，约克公爵
（1960— ）

近些年，因为与杰弗里·爱泼斯坦的友谊，安德鲁已经名誉扫地。2019年11月，他宣布退出王室公职。

莎拉·弗格森
（1959— ）

1986年，莎拉与安德鲁结婚，1996年，二人离婚。婚前和婚后，莎拉都与戴安娜交好。

爱德华，威塞克斯伯爵
（1964— ）

女王最小的儿子，专职服务于王室家庭，婚后自愿成为一位伯爵。

索菲，威塞克斯伯爵夫人
（1965— ）

1999年，索菲与爱德华结婚。嫁入王室之前，索菲是一位公关高管。

彼得
（1977— ）

女王的首位孙辈后嗣。2008年，彼得与奥特姆·凯利结婚，二人生有两个孩子。

扎拉
（1981— ）

一位优秀的马术运动员，奥运选手。扎拉嫁给了橄榄球运动员迈克·廷道尔，二人生有两个孩子。

比阿特丽斯
（1988— ）

尽管属于小字辈，但比阿特丽斯一直是王室家庭中颇受欢迎的一位。她已于2020年结婚。

尤金妮娅
（1990— ）

尤金妮娅公主在伦敦一家美术馆工作，不承担王室义务。她已于2018年10月结婚。

路易丝
（2003— ）

人称路易丝·温莎小姐，因为她并无公主殿下头衔。她曾是威廉王子婚礼上的伴娘之一。

詹姆斯
（2007— ）

像姐姐一样，他也没有王子殿下头衔，人称詹姆斯，塞弗恩子爵。

▲ 乔治五世是温莎王朝唯一访问过印度的国王

帝国终结，英联邦诞生

温莎家族继承了一个日不落帝国，
又亲眼看着它走向式微，逐渐被英联邦取代，
并受到各成员国的欢迎。

文／琼·伍勒顿

温莎家族短暂统治下的超大帝国，是英国历史上任何一个王室都闻所未闻的，但历时不到一百年，他们就眼看着它渐行渐远。但是，塞翁失马，焉知非福？温莎王朝失去了对日不落帝国的控制权，而一个以英国为首的国家共同体（英联邦）却应运而生，这一组织确定了它自己的国际关系准则。

1917年7月，温莎王朝建立伊始，英国仍然统治着广阔的大英帝国。它拥有整个世界大约四分之一的人口，包括澳大利亚、加拿大、新西兰、印度、尼日利亚、南非和缅甸等地。但截至1917年，英国对各属地的实际掌控已经发生了巨大变化。加拿大、纽芬兰、新西兰和澳大利亚以及南非联邦等地已经获得了自治领的地位。而在那些严格管控的地区，民众的怒火开始爆发，比如在印度，甚至蔓延成了对帝国体制的反抗，爱尔兰的情况也是这样。

1917年，首相大卫·劳合·乔治邀请各自治领首脑加入帝国战时内阁，这时，君权存在的重要意义也突显出来。同年，乔治五世创建了一种新的荣誉体系，用于表彰那些在战争期间以非战斗人员身份支持英国的人。大英帝国勋章开创了我们今天所知道的许多荣誉称号，它的箴言就是："上帝与君权同在。"

然而，第一次世界大战已经暴露出了帝国架构中的裂隙。英国代表其本国和整个大英帝国对德宣战，它统治下的所有国家都派遣了士兵投入战斗。帝国约有250万人参加了大战，绝大多数人来自印度。战争结束后，《凡尔赛和约》使大英帝国进一步扩大，又加入了巴勒斯坦、外约旦、伊拉克、坦噶尼喀[①]、多哥兰[②]以及喀麦隆的部分地区。温莎王朝名下的子民又增加了1300万，而它此时下辖的领土覆盖了世界陆地面积的大约五分之一。

---

① 坦噶尼喀原为德国东非殖民地的一部分，"一战"后转属英国，"二战"后独立，并与桑给巴尔合并为坦桑尼亚。——编者注
② 多哥兰位于西非，原为德国殖民地，"一战"后被英法瓜分，"二战"后脱离殖民统治，其西部成为加纳的一部分，东部则为今之多哥。——编者注

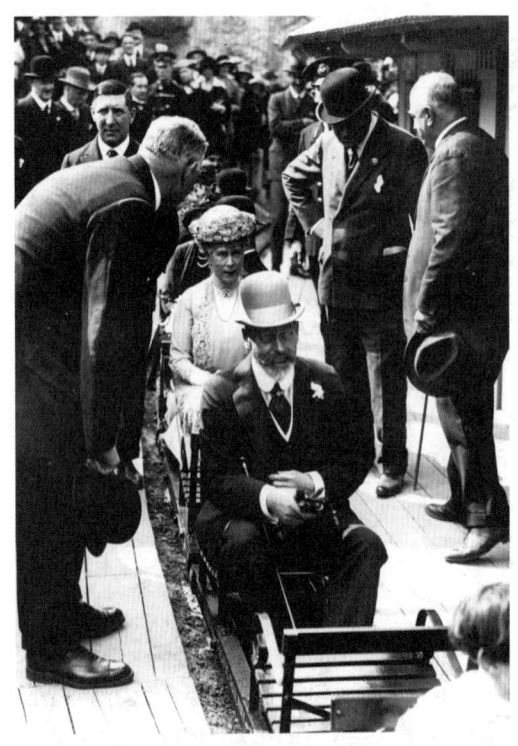

▲ 国王乔治五世和玛丽王后经常光顾大英帝国博览会，这是伦敦1924—1925年间的一大盛事

但是，在第一次世界大战结束后的和谈中，帝国各自治领纷纷签署它们自己的和平条约，这暴露出蔑视君权的严峻形势。同时，1916年的爱尔兰复活节起义，以及随后发生的内战，已经使其独立成为近在眼前的问题。实际上，"一战"带来的社会变化让整个帝国都蠢蠢欲动，各地纷纷要求更多的民族自决权利。

对于深深迷恋自己领土的乔治五世来说，他的权力丝毫不能有失。登基伊始，他就赶往印度参加德里朝觐，以显示他乃该国之皇帝。但是，他的参与远远不是礼节性的。他密切关注政治进程，对英国政府针对爱尔兰持续动荡的某些政策感到惊诧。1921年，他接受邀请，在贝尔法斯特为新议会揭幕，呼吁交战各方和解。接着，他满意地看到，停火协议随即达成，并直接导致年底《英爱条约》的签署。一份王室公告，最终促成了1922年《爱尔兰自由邦宪法法案》的通过、北爱尔兰的分割以及新的爱尔兰自由邦的自治。

尽管乔治国王会跟政客们共商帝国大事，但是对于出访他的广阔疆域，他却并没那么热情。他常说，要么都去看看，要么哪儿也不去。他在国内忙得不可开交，所以他的家人，特别是他的两个比较大的儿子，经常代父出行，走访帝国统治下的许多地区。

温莎王朝初期，王室年轻成员频频出访。1919年，爱德华（威尔士亲王）访问加拿大，并在第二年访问澳大利亚，从而保证了在帝国领属内明显可以看到王权的存在。1924年，新婚宴尔的约克公爵和公爵夫人意气风发地踏上旅程，对东部非洲的英属殖民地进行一次大范围巡访。1927年，他们有6个月时间都在澳大利亚和新西兰度过。这些出访意图向海外各地宣示"祖国"的存在，虽然只是名义上的归属。

"一战"结束后的几年里，王权的意义在国内也得到了强化。1919年，威尔士亲王担任大英帝国博览会组委会主席，意图使各国之间加强联系，促进贸易的发展。最终，这次博览会于1924年4月23日到1925年10月31日期间在文布利举行，帝国统治下的58个地区中共有56个参加了这场盛会，堪称大英帝国的一次全面展示。在文布利搭起的这个"迷你"帝国内，每个国家都建有反映其本土文化的一个展馆，还有容纳工业、科技和历史方面各种展品的一个个展厅。共有1700万人参观了展览，王室成员也频频光顾于此。但是，事实证明，这并非标志着一个新式帝国的腾飞，而是预示了它最终的落幕。

仅仅过了一年，第七届帝国大会召开，各自治领首相及政治领导人齐聚伦敦。会议桌上，各国强烈要求完全自治。其实，在1923年的会议上，这些国家已经争取到了制定本国外交政策的权力。1926年的会议更进一步，各国共同签

▲ 1961年，印度，女王和爱丁堡公爵的英联邦之旅

署了《贝尔福宣言》，首次宣称自治领"完全自治……地位平等"，换句话说，就是不再从属于英国。与会者通过决议，将成立一个"英联邦"。

对这一变化，乔治五世公开表示欢迎，私下里却痛心不已。1928年，据当时的殖民地大臣利奥·埃默里回忆，他和国王一起吃午饭的时候，乔治不止一次表达了他对正在发生的改变的不满。1931年，《威斯敏斯特条例》从法律上正式承认了1926年的体制变化，这同样惹得乔治牢骚满腹。虽然从未公开说出口，但他私下一直认为，对那些文件的签署感到满意的，仅几个自治领而已。

《威斯敏斯特条例》意味着，从1931年往后，英国对于自治领的法律不再具有约束力，而各国议会也无须遵守与本国法律相抵牾的英国法律。1937年，爱尔兰自由邦颁布新的宪法，进一步脱离英国统治，这也标志着，它即将走向完全独立。

英国地位的变化，在温莎王朝最重要的一项

他在加冕礼上的誓词不得不做出改动，以体现自治领全新的自治地位。

▲ 1927年,公爵和公爵夫人访问澳大利亚的卡通巴,这是他们环球之旅的一部分

仪式中有所反映。1937年5月,国王乔治六世加冕,最终结束了他的哥哥爱德华八世1936年12月逊位所引起的动荡。但是,他在加冕礼上的誓词不得不做出改动,以体现自治领全新的自治地位。1939年,英国挺身而出,抗击纳粹德国,地位的变化愈加明显。这一次,自治领各自对德宣战,而爱尔兰自由邦则选择保持中立。

第二次世界大战给乔治六世带来了无上光荣。他凭借个人的勇气和号召力,赢得了广泛的支持,即使在战争的至暗时刻,他也从未失去抗击纳粹的信心。这些都是温莎王朝不朽的遗产。但是这场战争也让大英帝国背负了新的压力,最终导致它的分崩离析。新加坡、缅甸、马来西亚等地被希特勒的同伙日本占领,而澳大利亚和新西兰则在局部战争中严重依赖美国,并与其结成新的同盟。

国王经常在帝国日①向全世界做广播讲话,以振奋军心,鼓舞士气。在视察北非的同盟国军队期间,他还访问了马耳他。他的贡献一直为人称道,但是一旦获胜,被占领的殖民地赢得自由,大英帝国的许多地方又开始了风起云涌的自治运动。

对于帝国体制的消亡,乔治六世早有预感。在战争初期写给当时美国驻伦敦大使约瑟夫·肯尼迪的信中,国王承认,有人已经在说"大英帝国声威不再",但他依然坚持要把整个帝国拧成一股绳,所以补充说,"大英帝国又一次让世界看到了联合阵线"。然而,几乎就在战争结束的

---

① 每年5月24日,即伊丽莎白女王生日这一天,现已改称"联邦日"。——译者注

同时,他的联合阵线也开始瓦解。

此时,独立风潮在帝国各处愈演愈烈,并得到1945年新当选的以克莱门特·艾德礼为首相的工党政府的支持。印度的形势更是咄咄逼人,几十年来,民众一直强烈要求民族自决,并最终实现完全自治。1942年,圣雄甘地和印度国大党把英国人赶回老家的目标已经近在眼前,当时,温斯顿·丘吉尔做出承诺,若战争期间继续支持帝国,战后印度便可以宣布独立。这一方案令乔治六世颇感惊讶,也十分恼怒,但是到了1947年,他终于认识到大势已去,不可挽回了。

▲ 2018年5月19日,梅根·马克尔的婚纱上绣有代表英联邦各国的图案

国王越来越担心印度可能会爆发冲突,所以,当政府召回驻印总督韦弗尔勋爵时,乔治坚持要让他的表弟路易斯·蒙巴顿勋爵取而代之,委托他尽快实现印度独立。此时的主动权握在印度国大党手中,"二战"的经济损失,以及势不可当的革命大潮,都令英国毫无招架之力。国王坚持要给蒙巴顿下达明确指示,但后来的形势已经不是他们能左右的了。1947年3月,蒙巴顿勋爵到达印度,很快他就意识到,必须迅速采取行动。因为冲突加剧,所以他与贾瓦哈拉尔·尼赫鲁(当时的印度国大党领袖)商讨之后,起草了一份分治计划。1947年8月15日,印度宣布独立,同一天,全新的自治领巴基斯坦也宣布诞生。

不到一年,缅甸和锡兰①也相继脱离帝国,英国也于1948年撤出巴勒斯坦,将其交由联合国托管。1949年,爱尔兰自由邦正式成为爱尔兰共和国。与此同时,乔治六世就他该如何称呼自己征求意见,毕竟,从1936年登基以来,他一直都是"国王兼皇帝"(Rex Imperator)。最后,他选择了"George R"(君王乔治)作为签名之用。

他还承担了"英联邦元首"这一角色。1926年的《贝尔福宣言》之后,该组织已具雏形。但是,当印度新政府决定宣布成立共和国时,问题来了:这将对国王领导下的英联邦产生怎样的影响?印度政界人士决定承认乔治六世作为英联邦全体成员的"自由联合的象征",从而促成了1949年《伦敦宣言》的签署,声明英联邦各国皆是"自由平等的成员",宗旨是"包容,合作,共同追求和平、自由和进步"。这是一个新联盟的起点,却是帝国的又一声丧钟。

伊丽莎白二世执政初期,正值温莎王朝统治下的大英帝国革命声浪迅猛蔓延之际。在她1953年圣诞广播讲话中,女王说英联邦是"一个全新的理念,它的基础是友谊、忠诚和对自由与和平的渴望"。加冕之后,她最早的行动之一就是踏上一次重要的巡访之旅,来到英联邦各国和大英帝国各地。女王和爱丁堡公爵在澳大利亚、加拿大和牙买加一路问候欢呼的人群,但

---

① 独立后改称斯里兰卡。——编者注

▲ 1947年，最后一任总督路易斯·蒙巴顿勋爵宣布印度独立

与此同时，更多国家相继宣布独立。1953年，苏丹获得自治权，并于1956年宣布独立。第二年，马来亚脱离英国，同年，非洲的黄金海岸宣布独立，更名加纳。

1956年，苏伊士危机也暴露出英国作为世界强国的短板。1960年，哈罗德·麦克米伦在南非发表著名的"变革之风"演讲，正式承认英国与它的帝国之间正在发生本质上的变化。不到10年，几乎所有的非洲现存殖民地相继脱离英国而独立。在加勒比地区，1962年，牙买加与特立尼达和多巴哥宣布独立，随后是1966年的巴巴多斯。在美洲大陆，英国最后一块殖民地英属洪都拉斯①也于1964年实行自治。

随后几十年，其他大部分地区也跃跃欲试。但是，就在独立运动频频登上报纸头条，各国纷纷期待脱离日渐没落的大英帝国之际，各种问题也开始涌现。罗得西亚动荡导致内战，在国际调停期间，不得不于1979年暂行英国统治。肯尼亚爆发了茅茅党②起义，随后独立。1980年，罗得西亚赢得独立，建立津巴布韦；至此，英国终于丧失了它在非洲的最后一块领地。1997年，香港归还中国，标志着大英帝国的终结。此后，英国还保留了14块殖民地，英国女王仍然是它们的国家元首，它们在2002年改称为英国海外领土。

尽管温莎王朝，像之前的众多王朝一样，亲历了帝国的衰落，但不同的是，温莎王室的当权者们与时俱进，勇挑重担，成立了一个新的组织英联邦，并使其发展壮大。多年以来，女王一直不遗余力地为英联邦工作，奔走于各成员国的

---

① 独立后称伯利兹。——编者注
② 茅茅党成立于20世纪50年代，是肯尼亚的民族解放运动组织。——译者注

政府会议之中。她还多次出席每四年一届的英联邦运动会，它的前身是始于1930年的帝国运动会。

1952年，她继承父亲的王位，也理应成为英联邦的元首，这在当时几乎是毫无争议的。然而到了2018年，她的儿子威尔士亲王，是否也该在他最终继承王位的同时接任英联邦元首，却成了一个疑问。女王公开参与讨论，支持查尔斯，各国首脑也唯其马首是瞻，从而保证了温莎王室在它开创的这一组织中的领导地位。

显而易见，英联邦对王室仍然至关重要。就在哈里王子和梅根·马克尔2018年5月大婚之前，女王任命她的孙子为英联邦青年大使。这一角色是为了让他肩负使命，加强各国年轻人与领导人之间的联系，以应对整个世界的社会变局。哈里明确表示，他的新婚妻子将与他一起投入工作，他们正式的结婚证书也印有英联邦徽章，以示他们献身这一组织的决心。甚至后来，苏塞克斯公爵夫人的婚纱也饰有代表英联邦各国的花纹。

这不仅仅是一种表面姿态。在王家婚礼上赋予英联邦以明星般的角色，显示出温莎王朝依然维系着与一度在其统治下的各国之间的联系。定期巡访大英帝国曾经统治的地域，占了王室日程的一大部分。女王对英联邦团体福利事业的关怀（往往是在幕后），通常会在她的圣诞广播讲话中表达出来——即使这时，英联邦仍是重头戏。尽管温莎王朝与许多国家的关系可能已经发生了本质上的变化，但是近年来，它与亲历帝国巨变的这些国家的纽带却变得更加牢固了。

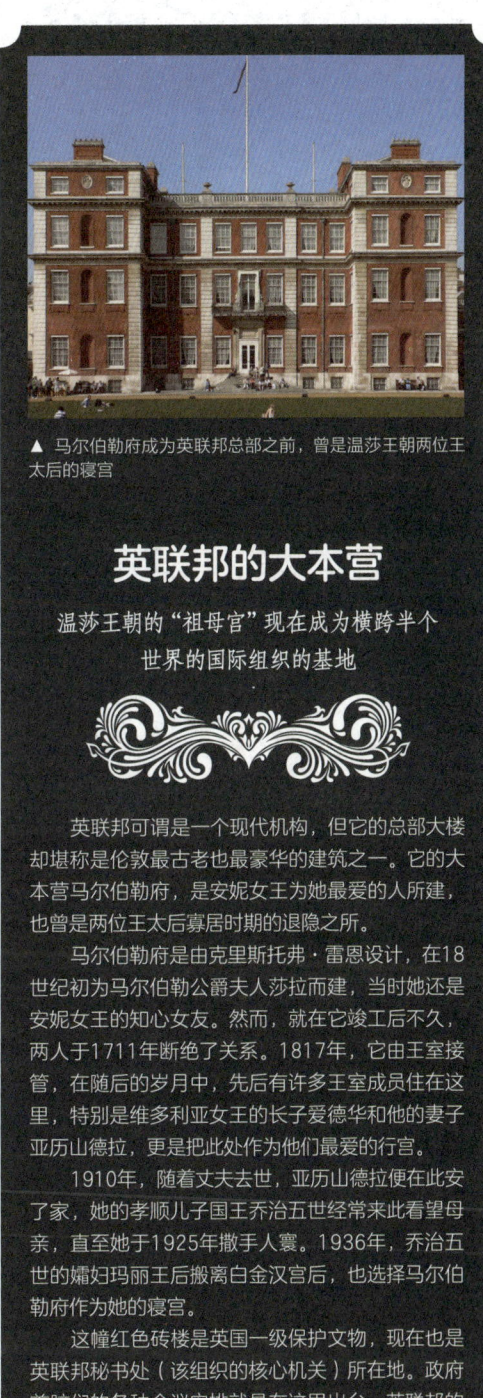

▲ 马尔伯勒府成为英联邦总部之前，曾是温莎王朝两位王太后的寝宫

英联邦的大本营

温莎王朝的"祖母官"现在成为横跨半个世界的国际组织的基地

英联邦可谓是一个现代机构，但它的总部大楼却堪称是伦敦最古老也最豪华的建筑之一。它的大本营马尔伯勒府，是安妮女王为她最爱的人所建，也曾是两位王太后寡居时期的退隐之所。

马尔伯勒府是由克里斯托弗·雷恩设计，在18世纪初为马尔伯勒公爵夫人莎拉所建，当时她还是安妮女王的知心女友。然而，就在它竣工后不久，两人于1711年断绝了关系。1817年，它由王室接管，在随后的岁月中，先后有许多王室成员住在这里，特别是维多利亚女王的长子爱德华和他的妻子亚历山德拉，更是把此处作为他们最爱的行宫。

1910年，随着丈夫去世，亚历山德拉便在此安了家，她的孝顺儿子国王乔治五世经常来此看望母亲，直至她于1925年撒手人寰。1936年，乔治五世的孀妇玛丽王后搬离白金汉宫后，也选择马尔伯勒府作为她的寝宫。

这幢红色砖楼是英国一级保护文物，现在也是英联邦秘书处（该组织的核心机关）所在地。政府首脑们的各种会议安排就是在这里出台，英联邦的大部分政策也是在这里酝酿并最终成形。

▲ "女王伊丽莎白二世"和詹姆斯·邦德从天而降,出席伦敦奥运会开幕式

走向未来的百年老店

温莎王室总有妙法与变化中的世界保持同步，
但是，随着21世纪的到来，他们又面临新的挑战：
现代君主体制将何去何从？

文 / 琼·伍勒顿

从它创建的那一刻起，温莎王朝就一直在发展变化。乔治五世之所以决定更改家族姓氏，是因为他必须与往日脱钩，否则他的王位可能不保。从那时起，他的王朝一直力图革新，与时代同行。随着21世纪的到来，它又一次踏上了改革之路。

曾几何时，战争造成了巨大花费，也给社会带来强烈冲击，整个国民经济濒临崩溃，公共性的王室家庭不得不变得更小也更集中。女王也一直身体力行这个政策。2012年钻石庆典活动期间，白金汉宫就积极推行家庭"瘦身"。庆典仪式结束后的阳台亮相明显可以看出其中端倪。现身向民众致意的只有女王、威尔士亲王、康沃尔公爵夫人、威廉、凯特和哈里，其他家人一概待在幕后，给予支持但不再担纲重大庆祝活动的主角。

王室革新还体现在女王家人所用的头衔上。1999年，小儿子爱德华王子迎娶索菲·里斯-琼斯时，女王宣布，这对新婚夫妇的子女不再沿用他们作为王室血亲原本自动享有的头衔。相反，他们将被授予伯爵的子嗣所用的头衔，从而减少"殿下"的数量，也明确了他们的未来之路将在王室之外。

另一项革新是随着继承法的修改而实现的。2013年的《王权继承法案》废止了男性优先继承制，也消除了长达数个世纪的不平等——曾有多少姐姐由于排在弟弟之后而失去了继承王位的机会！提案始于2011年的《珀斯协定》，以女王为国家元首的16个国家一致同意修改继承法。2012年，法案公布，2013年4月25日，王室御准。这就意味着，未来的王位继承将按照出生顺序而不是性别，新规适用于2011年10月28日后出生的所有王室成员。2018年4月，路易斯王子出生之后，夏洛特公主成为第一位受益人。

新法案也带来其他一些变化，使王室家庭看起来与周围的民众更加和谐。1772年的《王室

▲ 剑桥公爵一家出席2017年学院奖颁奖典礼。在名人荟萃的活动中走上红地毯,这极大提升了王室形象

婚姻法案》规定,国王乔治二世所有的子孙后代(除了嫁到外国王室的公主们的子嗣)都要征得在任君主的首肯方可走进婚姻殿堂。2013年修订案撤销了这一条规定,只要求前6位继承人结婚之前需获得批准。新法案还废除了长达几个世纪之久的王室成员与罗马天主教徒的通婚禁令,而在此之前,这种婚姻的代价就是王子或公主丧失王位继承权。在一个宗教宽容的时代,这也是一个适时而必要的改变。

在确保取得社会各界的认同并提供相应的服务这方面,君主政权所面临的挑战也格外突出。尽管2013年法案规定,君主必须是英国教会的一员,但女王和查尔斯王子都曾屡次尝试以王室家庭的名义向其他教派伸出橄榄枝。特别是查尔斯王子,他在整个英国和英联邦各地与不同宗教组织的许多领导人建立起了牢固的联系,他的工作一直为人称道。2013年,伦敦主办了世界伊斯兰经济论坛,这是该论坛首次在非伊斯兰国家召开大会,他在大会上的主题演讲赢得广泛赞誉。2015年,他还谈到,他将致力于保证英国社会中所有的宗教信仰都能感受到一种包容的气氛。不过,有报道说,他要把自1544年起历任君主一直沿用的"信仰的捍卫者"头衔改为"一切信仰的捍卫者",对此他却矢口否认。

现代化并非总是那么轻而易举或令人心仪。20世纪70年代和80年代,威尔士亲王时常因为

王室成员选择支持一些大型活动,从而使一些议题成为人们关注的焦点。

▲ 哈里王子像他的哥哥一样,也是为了爱情而走进婚姻殿堂的。新婚伊始,他的新娘就给君主体制注入一股新鲜血液

热心支持环保事业而受人讥讽。不过,到了90年代,整个世界都开始关注绿色和保护地球,亲王也摇身一变,立马赢得了创新者的美誉。现代的温莎王室有时不得不慎重选择它所支持的领域,但是这种用心良苦的决策往往也能带来丰收的喜悦。查尔斯和他的父亲(爱丁堡公爵)都有他们各自牵头的组织,力图保持整个英国和英联邦各国年轻人的机会均等。王子信托基金和爱丁堡公爵奖学金为各地年轻人提供学习新技能的机会,在过去几十年里,已经让成千上万人从中受益。

以王家身份推行公益事业的例子并不新鲜,但是随着温莎王室的现代化,他们提供支持的方式已经有所改变。王室成员选择支持一些大型活动,从而使一些议题成为人们关注的焦点。剑桥公爵一家支持心理保健工作,进而引发关于心理疾病起因的辩论,这是王室成员一种全新的工作方式,巧妙利用了随时随地照在他们身上的聚光灯。

民众能够看到王室一家正在与时俱进,媒体报道长期以来功不可没。但在20世纪90年代初那段黑暗的日子里,当威尔士亲王和王妃的婚姻处于分崩离析之际,温莎一家和媒体好像几乎总在闹别扭,而戴安娜之死,很大程度上也要归咎于媒体不停地追踪她的每一步。不过,王室一家对待那些爆料人的态度已经发生明显变化。虽然私人空间的红线仍不可逾越,但他们还是接纳了现代媒体,也看到了Twitter(推特)和Instagram(照片墙)等社交渠道所提供的机会。

现在,他们利用自己的官方社交媒体账号分享一些图片,提供有关王室活动近乎实时的报道,从而对自身形象进行一定程度的管控,这是以前他们做不到的。王室账号使他们可以从自己的视角讲述自己的故事,年轻的成员更是利用它

▲ 王家空军百年纪念庆典时，王室齐聚白金汉宫阳台

推进他们心仪的事业。眼看要到哈里王子与梅根·马克尔的婚礼庆典时，他们就在肯辛顿王室Instagram官方账号上贴出婚礼筹备工作的大量幕后花絮。社交媒体时代，数以百万计的人（特别是年轻人）从Twitter和Instagram上面获取信息，王室一家也明确把它们作为改革的前线。

老一辈温莎人也频频现身荧屏，露出幕后真容，这可是以往难得一见的画面。过去5年里，已经有几十档主流电视节目，从各个方面展示王室成员的日常生活。摄像机镜头追随着爱丁堡公爵、威尔士亲王和康沃尔公爵夫人等长辈家庭成员，捕捉他们工作时的一些细节，往往一拍就是老半天，这样的节目可以让公众有机会看到温莎一家如何从事他们与生俱来的工作。2018年，女王在她执政65周年纪念日这天，还接受电视采访，畅谈她的加冕。2016年，在一档纪念她90岁生日的节目中，屏幕上的女王和查尔斯王子一边看着老式影片，一边聊着家常。他们之所以史无前例地接近公众，是因为他们又一次认识到，只有向它的子民敞开怀抱，这家"老店"才有前途。

然而，即使这般严格把控形象，也不可能消

▲ 2018年，女王与"国宝"大卫·艾登堡携手拍摄《女王的绿色星球》

除所有的负面宣传。资金问题一直备受争议。尽管现在的王室家庭带头每年公开它的账目，但它的巨额花费仍然惹来嘘声，说它是过时的体制，只会过度花钱。1992年，在她自称的"可怕的一年"过后，女王决定纳税。这本是一项革新之举，也是万众期待的。但王室账目每年一公开，还是会被人审来审去，批得一无是处。

过去的10年中，王室家庭的构成已经有所改变，现在的温莎王室更能代表它的国家。威廉王子和哈里王子决定结婚成家时，都没有任何压力非要找拥有王室血脉的伴侣。关于凯特·米德尔顿，有大量诸如她是矿工的后裔、她的母亲是空姐之类的报道，但这主要是为了向她表示祝贺。这反映出王室家庭思想上的一个进步：他们现在已经可以接受没有贵族身份的成员。

哈里王子和梅根·马克尔的结合是又一桩重大革新事件。这位新任苏塞克斯公爵夫人是一个混血儿，以演艺为业，是王室家庭中的一股新鲜血液。她在官方网站的个人简介中明确声明，她是一个女权主义者。如此发声支持当今社会的普遍问题，使王室家庭向更大的包容性又迈进了一步。

实际上，迄今为止，女王的孙辈子女中谁都没跟有头衔的人结婚。他们之所以走进婚姻的殿堂，是因为爱情，而不是为了王室的利益。这对王室家庭来说，也是一个平衡因素。由于苏塞克斯公爵一家放弃了他们儿子阿奇的头衔，只有剑桥公爵和公爵夫人的子女才会在未来拥有王室头衔，从而再次避免了王室的膨胀——那种情况可是引发过不少问题。

一个集约化的王室家庭真的可行吗？对此一直有人怀疑，特别是在苏塞克斯公爵和公爵夫人于2020年3月脱离王室之后。2017年，《宫廷报道》记录了3500多项"老店"的官方活动，其中仅1500项是由核心成员完成的。温莎王室有意与时俱进，但它不得不面临一个挑战：它的成员或退休或出走，他们在王室工作轮值表上留下的空白——或者说，他们曾在重大活动中保持的王室形象——如何填补？还有一个挑战：在迈向现代化的进程中，他们如何保证不丢掉传统？

伊丽莎白二世是英国历史上年龄最大也是执政时间最长的君主，但在维护君主制度的道路上，她的作用仍不可低估。她知道，就像1917年她的祖父改朝换代之初一样，温莎王室只有变革，才能继续赢得支持并走得更远。

下一代

王室的未来将属于乔治、夏洛特和路易斯等。随着温莎王朝的发展，他们早早被推上前台

当下，王室的未来看似仍掌握在女王和威尔士亲王的手中，但是，继续推动目前的革新计划，确保温莎王朝生存的，将是年轻的成员们。剑桥的乔治王子，他的妹妹夏洛特公主，以及他的弟弟路易斯王子，现在的出镜率仍相对较低，但小小年纪的他们还是会出现在一些王室活动中。这表明，为了"百年老店"的正常运转，他们也是至关重要的新生力量。

乔治和夏洛特经常在阅兵式之类的活动中露脸，也跟着他们的父母去过几次海外巡游。乔治在一周岁生日之前就去过澳大利亚和新西兰。2016年秋天，两个孩子和爸爸妈妈一起正式出访加拿大。2017年夏天，当威廉和凯特应外交部安排出访德国和波兰时，兄妹俩也被带到这两个国家。

尽管在这些活动中他们的作用不大，但也必不可少。笑容灿烂的乔治和夏洛特陪着父母挥手致意的画面，不仅给形影不离的一家人留下甜蜜的回忆，也为"百年老店"营造出一副现代而清新的形象。同时，这些画面也是一个暗示：温莎王朝定能进入22世纪，它一直在与时俱进。

▲ 履行王室责任的一家人，年轻、幸福，这对温莎王朝的现代形象至关重要

图片来源

13	© wiki; Northern Ireland Office, Getty Images
17	© Getty
39	© Getty
47	© Getty
63	© Alamy; Mary Evans
68	York Cottage © The Giant Puffin at English Wikipedia CC BY-SA 3.0
73	© Alamy, Getty Images
83	© Getty
93	© Getty
103	© Getty
107	© Getty
125	© Getty Images, TopFoto; Press Association
135	© Getty
149	© Alamy; Getty; TopFoto
155	© Getty
167	© Getty Images, Alamy; TopFoto
175	© Getty
187	© Getty
193	© Getty
207	© Alamy, Getty Images, TopFoto
221	© Alamy
225	© Getty
231	© Getty
237	© Getty; Rex Features